三生有幸遇见你

遇见孩子，遇见更好的自己

小笼包马迷 著

中国出版集团　现代出版社

图书在版编目（CIP）数据

三生有幸遇见你 / 小笼包马迷著. -- 北京：现代
出版社, 2019.7

ISBN 978-7-5143-8012-5

Ⅰ.①三… Ⅱ.①小… Ⅲ.①家庭教育 - 通俗读物
Ⅳ.①G78-49

中国版本图书馆CIP数据核字（2019）第141844号

著　　者	小笼包马迷
责任编辑	窦艳秋
出版发行	现代出版社
地　　址	北京市安定门外安华里504号
邮政编码	100011
电　　话	010-64267325 64245264（传真）
网　　址	www.1980xd.com
电子邮箱	xiandai@cnpitc.com.cn
印　　刷	三河市金泰源印务有限公司
开　　本	880mm×1230mm　1/32
印　　张	9.5
字　　数	205千字
版次印次	2019年8月第1版　2019年8月第1次印刷
标准书号	ISBN 978-7-5143-8012-5
定　　价	45.00元

序言一

我们都是普通人，相遇在寻常故事里

第一次看《三生有幸遇见你》的样稿，是在一个周末的下午。

城市商业综合体里都是来来往往的人，我坐在一个教琴棋书画的兴趣班门口，一边等孩子们下课，一边看小笼包妈妈笔下的温暖时光，真奇妙——字里行间，我仿佛看到了另一个我自己！一个忙着在事业、家庭、孩子、爱好里，努力协调的自己。

其实谁不忙呢，毕竟这个世界对女人的要求越来越高：没有事业会被认为丢失自我，忙于事业会被指责疏忽家庭。我环视兴趣班门口，有妈妈像我一样带着笔记本电脑在工作，有妈妈一个电话接一个电话地谈业务，还有妈妈在看注册会计师考试的资料……

而说到兴趣爱好，如果有一份码字的特长，会像小笼包妈妈这样渐渐向亲子随笔的方向靠拢；如果喜欢打羽毛球，渐渐就变成和孩子的周末球赛；如果喜欢绘画，家里渐渐遍布两代人不同风格的涂鸦；如果喜欢烘焙，厨房里一定有一大一小两套围裙……原因很简单，因为在相当长一段时间里，"妈妈"这个概念，就是我们一切爱好的重心。

我们都是这样的啊！

　　所以，一本走心的亲子随笔集，顾名思义，最重要的并不是属于学前教育领域的原理剖析一二三，而是在那些与孩子一起成长的步伐里，藏着贴心贴肺的"共鸣"。

　　要知道，这个世界上最精准的共鸣，就叫作"我也是这样的啊"！

　　而这本书里，就藏着许多妈妈都有过的时光，还有许多妈妈来不及总结的话。

　　年轻的小笼包妈妈又不仅是在复述生活——她最棒的地方在于通过不断学习，开拓自己的视野，调整自己的心态，于是才可以在面对孩子成长中的问题时，尽可能用平等、尊重、客观的视角去看待，去处理。

　　就像她在书里说的那样："让孩子爱上看书，远比多识字重要。"是啊，好的阅读习惯是孩子终生学习的基础，我们也是在不断学习的过程中才知道，这世界上从来就没有什么万试万灵的灵丹妙药，最好的育儿书一定是在不断进步的过程中，根据自家的情况，自己写给自己的。

　　也像她说的那样："人到中年的爱情，没有说走就走的自由，也没有想做什么就做什么的潇洒。有的只是在柴米油盐中，对彼此梦想的理解和支持，还有在孩子的哭声笑声中，对生活重担的多一分承担。"从表面上看，这是写给中年夫妻的爱情保鲜指南，但往深里说，这是在日常的潜移默化中，送给孩子最好的择偶标准教育。

　　还有书中提到的家庭会议，对电子产品的审慎判断，对儿童社交的观察与尊重……一本好的亲子随笔集，除了走心的记录，一定还有深切的反思。

就像我们常常戏谑自己当了妈之后简直是走上人生技艺的巅峰——比如学会了看五线谱，学会了奥数题……但我们可能都忘记了，我们最先自学成才的那门功课，叫作"儿童发展心理学"。

所以这本书的一个妙处就在于，里面没有说教，而只有一个妈妈在儿童心理探索的路上诚恳的笔记。

兴许，也是一个妻子、一个儿媳妇的家庭生活实证报告。为什么这么说呢？

因为在国内绝大多数家庭组成中，尽管年轻父母与子女组成的"核心家庭"数量越来越多，但在孩子幼年的时候，由祖父母或外祖父母与父母、孩子三代人共同组成的"主干家庭"也十分常见。所以，许多育儿问题，常常就是代际沟通问题，也是婚姻关系问题。

说白了，与父母、公婆相互体谅，与配偶沟通顺畅，家庭中的育儿观念与行为就更容易统一，威望与信任就更容易建立。

我在这本书里，看到了很多属于生活细枝末节的小花絮——与其说是属于写作者的智慧，不如说是属于"成长中的妈妈"的睿智。因为那些"在家庭会议上公开感谢婆婆做的水饺好吃""和丈夫互相夸对方优点的小游戏"……都不是标新立异的心机，而只是始于诚挚的尊重与爱。

毕竟，我们得多幸运，才能遇到那个愿意一起组成一个家的人，遇到父母、公婆身体健康还肯给我们搭把手，又好巧遇到了花苞一样的小生命咿咿呀呀健康降临，再好巧遇到了谈得来的朋友、合得来的邻居……或许还有看得入心的一本书。

我真是特别喜欢这本书的名字，因为，每一场相遇，都是三生有幸。

其实，我从没想过现实生活中的小笼包妈妈离我那么近。

她每天从我的书店里走过，我们打过两次招呼，我只知道她是同一个写字楼上的白领，是一个笑着说"我是你的读者"的和气姑娘，却从没想到她就是我看到的那本样稿的作者，是两个孩子的妈妈——缘分，就是因为谜底揭开时的猝不及防，才格外值得感激和回味。

更何况，这本书里，还有平凡世界中，那些容易被忽略，其实值得被铭记的暖意：比如那些鸡毛蒜皮的日常、那些童言童语的纯真、那些点点滴滴的感悟……在为人父母者的日常生活中算得上俯拾即是。

"我们都是普通人"，这是这本书隐约呈现的真相，同时也是生命中最美好的可能性——如果我们愿意接受一个孩子的普通，也愿意接受自己的普通，那么这种"接受"本身就是对生命最大的尊重。

因为接受普通，所以不会揠苗助长，也不会无端苛求自己。

多好，我们都是普通人，相遇在寻常故事里。
也只有真的走入那些从容的岁月后，才会让人忍不住感叹。
三生有幸，遇见你……

叶萱
"冰心儿童图书奖"获得者

序言二

来，告诉我你怎样生活

严格说来，我与小笼包马迷只相处过一年时间。彼时，她叫张慧，是一个在人事处做工资的姑娘。

2014年3月，我从纸媒记者转型，接手《太原晚报》新媒体工作。作为一个"古代人"，我到新媒体部后才有了个人微信，可谓是只彻头彻尾的菜鸟。

当时的团队就更让人欲哭无泪了——基本班底是报社话务平台的接线员。那时的我一心想主打原创，可现实极其骨感——记得让一个姑娘去写篇消息，结果姑娘眉毛一扬，一脸困惑地说："啥叫消息？"听到这句话的我，真是连跳河的心都有。

在这种情况下，连续两个月我几乎没一天在凌晨前休息过。到了5月，出现了严重的心悸，感觉自己马上要崩溃了，就想无论如何得给团队加人。

有天晚上，我无意中看到了张慧的QQ空间，里边写婆婆不远千里，抛下公公来太原给她看孩子。文中流露出来的柔软情愫，很是动人。

"可以问问这姑娘愿不愿意来新媒体？"一道灵光突然从

我脑海里闪过。

作为一个行动永远先于思想的白羊座，我第二天就找到张慧沟通。

要说这个决定是够冒险的。在此之前，只在单位电梯里见过她几次，知道她在人事处工作，除了一眼可见的苗条漂亮之外，对她的其他信息一无所知。

见到张慧，我开门见山地说了来意，张慧非常意外（她后来说是非常惊喜），当下就很痛快地表示："愿意。"我这才知道她是正儿八经的科班出身，毕业于一所重点大学的新闻专业。我很好奇她为什么没有当记者？张慧沮丧地说，来报社之前曾在电台做实习记者，但考报社时没有考好。她很期待能重新做记者。

聊天中，我了解到张慧还有不少才艺，能唱能跳，还会主持。两人越聊越激动，恨不得立刻就开始工作。

但从人事处到编辑部，哪有那么容易。我试着跟领导沟通能不能让张慧"转会"。领导非常诧异，口气很生硬地问："报社有这么多记者，你为什么就看中她了呢？"

"我觉得她很适合做新媒体，而且她之前在电台工作过，得过不少新闻奖。"

"这么多记者，就没有比她强的？"领导马上追问。领导就是领导，这问题有点一剑封喉的意思。答不好，可真是太得罪人了。

但这个时候绝不能尿，我想了想说："可能写东西有人比她写得好，但是新媒体拼的并不仅是写稿子。论综合实力，比如搞活动、做主持，我觉得她就是最合适的！"

领导没想到我这么轴，脸一沉，大摇其头："你这也太绝对了！"

这之后又经历了不少波折，张慧终于到新媒体部报到了。除了负责出产高品质的原创文章，张慧在其他方面体现出的素质让人刮目相看。不久团队就打造出了山西第一个纸媒女主播频道，张慧的"慧说新闻"大受欢迎。更让人高兴的是，在随后的几次大型活动中，张慧在现场的主持能力堪称"开挂"。每次活动，现场气氛都很火爆，赞助商也非常满意。

原来对张慧颇有疑虑的领导，很快就对她"路转粉"，几次对我说："这姑娘真是可以！确实是个人才！"

现在想起来，张慧是在两三个月里，就完成了职业生涯的华丽转身，可想而知她付出了多少努力。她经常凌晨三四点钟发来稿件——要知道，那时我们几乎没有一天不加班，回到家后就已经很晚了，她还要继续写稿子。

2014年后半年到2015年，还是互联网红利的上半场。我们永远难忘团队做出第一个10万+，难忘官微周排名进入全国主要日报的前10名，除了兴奋和激动，还有种难以置信的做梦感。

在这样高强度的工作之下，小伙伴们最佩服的就是张慧，她跟有三头六臂似的，这么忙，还把娃养得那么好。小笼包当时只有两岁，已经能用小奶音说很多句子了，远远超过了同龄孩子的语言表达水平。这大概归功于张慧每天都一定要抽出时间给孩子讲绘本故事吧。

张慧那时就已经体现出做育儿公号的潜质了——她给孩子织花纹复杂的毛衣，手工制作彩色蔬菜面条，做各种看起来十分美味又有营养的辅食，她用文字分享着一个新手妈妈的日常，圈了不少粉。

张慧的老公是部里公认的二十四孝老公。他和张慧站在一起，无论何时，总是一脸宠溺地看着她，让部里的女孩们羡慕不已。

然而，在所有的幸福背后，张慧经常陷入特别忧伤纠结的状态。她告诉我，自己的家庭比较特殊，她由爷爷奶奶一手带大。爷爷修自行车供她上学，其间的辛酸一言难尽。

我第一次听她讲起童年时，说实话真的吓了一跳，因为从来没在身边的人中见过这么复杂的家庭关系。在《三生有幸遇见你》这本书里，张慧跟读者分享了她的成长往事，或许于她而言，分享本身就是一种疗愈。

这样的原生家庭，让看起来可爱讨喜的张慧，内心阴影面积巨大。与父母有深重隔阂，而最爱她的爷爷奶奶已经去世。有时候我俩说着说着话，她的眼泪就下来了。

很大程度上因为这些原因，2015年夏天，张慧的老公考入山东广播电视台后，张慧没有任何犹豫，第一时间就选择辞职跟他去了济南，成了那个远嫁的女孩。

我当时最大的担心，就是怕原生家庭会成为她远行的心灵包袱。好在，聪明如张慧者，早已在内心慢慢放下、慢慢接纳，有了与父母的和解方式。我想，这应该是对童年创伤最好的回答。

张慧已经去济南四年了，1000多个日子如水流过，小笼包和小汤圆慢慢长大。但在我的心里，张慧好像昨天才去了济南。这四年里，每当她碰到重要的事情，总会跟我打电话讨论。在娓娓的细语里，我们一如当年在单位门口的面馆吃面那般亲密。

从竞争激烈的育儿类公号中出道，慢慢成长到在火车上会被粉丝认出来的大V（张慧自嘲说是十八线网红），她用了三年。而职业理想之外，她更活成了每个女孩都想要的样子。小笼包一家，便是今日中国中产家庭幸福的最佳模本。

我常想，张慧的成功，除了她不亚于任何人的努力，有两点也至关重要。

第一是自信。印象里交给张慧的工作任务，无论有多难，她从来都不说"不"，而是坚信自己一定能快速做好。记得有一次她告诉我："我小时候在学校跳舞时就对自己说，你不会是群舞，一定是领舞那个！"碰到需要表现的时候，她从不羞羞答答躲躲闪闪，总是非常大方地把握住机会。

其二，把优点内化成优势的本领。最初的张慧，只是一个普通的热爱分享的妈妈。难能可贵的是，张慧具有专注的学习力，心理学、营养学、正面管教……她穷尽一切可能让自己精进，将优点累积为优势，形成了独特的影响力。时光奔流，母爱如花在野，张慧种下的那株幸福，幽香满径，激励了无数妈妈。

细细想来，那些有幸得到命运金玫瑰的人，并不是他们的运气格外好——身处每个人都非常恐惧被未来抛弃的时代，很多人孜孜以求成为风口上飞起的猪，也有很多人高声呼喊着逃离北上广，生活在别处；很多人细心地捡起满地的六便士，也有很多人断然选择了天空中深邃的月亮；更多人没有成为真正想要成为的人，而成为不得不成为的人。

　　谁又没有经过人生的当头棒喝呢？有多少时候，不是沉默着被一念之差误伤？那些能够超越宿命，于深海里自燃的人，必然曾在幽幽暗暗中哭过痛过再勇敢地与命运短兵相接，血肉模糊后才知遍体伤口亦是尘世大慈大悲的加持。

　　如今的张慧，早已升级为3.0版的小笼包妈咪。一切都在流转，如果说有什么未曾改变的话，那应该就是她原初的热忱。此生浩瀚，而热忱是只船。只有被梦想眷顾的人，才可能让这船永远如出发时那般纯真，无惧无怕地奔向奇幻远方。

孔莉萍

《太原晚报》新媒体运营者

公众号《一孔之见看红楼》创办者

著有民国题材作品《相濡以沫，不如相忘于江湖》

目　录
contents

第三章
在成为好妈妈的路上，孩子是我的老师

第四章
孩子，你可以慢慢来

第五章

放开手，站在你身后

第六章

你就是我最想要的幸福

第一章

遇见你，好幸运

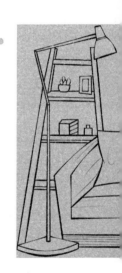

一个"中年少女"眼里的爱情

1

有天晚上，陪小笼包练琴。

曲子稍微有点儿长，小笼包弹了几遍都没弹下来，所以就打起了退堂鼓。

我鼓励了很久，可小妞就是不想练了。

看着她眼泪汪汪的样子，为了避免战况升级，我便选择了先去洗澡。

可刚洗了没几分钟，就听到浴室外面传来了叮叮当当的琴声，一直到我洗完，大概半个小时，琴声一直在持续。

我心里忍不住有点儿纳闷儿：哎？怎么刚才还死活不想练，现在又练得这么起劲儿了？

等我出来一看，原来是包子爸的小心机。

这时，小笼包注意到我在门外，骄傲又自豪地仰起了小脑袋："妈妈，爸爸让我教他这首曲子，现在我是美乐老师！我把他都教会了，厉害吧！"

我忍不住冲父女俩跷起大拇指："厉害！特别厉害！你看，弟弟都成了你们的小粉丝了，追着你们拍照呢！"

我是真心夸赞，尤其是当我看到包子爸完整弹下来曲子的那一刻，虽然当时他头发是塌的，双下巴也很突出，隔着衣服就能看到他呼之欲出的大肚腩……我却觉得他浑身都闪着光，金灿灿的，让我不由得心头一紧，有了心动的感觉。

嗯，一个"中年少女"眼里的爱情，不是情人节的玫瑰，也不是每天缠绵悱恻情话绵绵，而是当你为了娃的学习急得抓耳挠腮、火冒三丈、手足无措时，那个人会英勇无敌地冲上来，特别man地按住你说："你歇会儿，让我来！"

2/

我拿到正面管教的讲师证很久了。

不过因为时间精力有限，一直没有机会开课实践，心里难免有点儿小遗憾。

年前有一次和包子爸聊起来，我说我其实特别想去和其他讲师一起磨磨课，参加一下他们的读书会什么的，可现在光是写公号带娃，时间就已经排得很满了。

包子爸说："只要你真的喜欢，那就去！时间挤挤总是有的。过完年你看看具体是什么时间，咱们安排一下，孩子还有我和妈呢，你不用太担心。"

就这样，我报了一个相关课程，每个周六下午上半天课。接送小笼包去上舞蹈课的任务便落到了包子爸一个人头上。

每次陪小笼包学完舞蹈后，包子爸会带着小笼包来我上课的地方接我。因为我下课时间比较晚，父女俩经常要在楼下等四十多分钟。

有个周六，出门上课前，我对包子爸说："今天小笼包下课后，你带她直接回家吧，别去接我了，又不顺路，还得等那么久，怪麻烦的。"

"这有啥麻烦的，反正有车，一脚油门的事。大晚上的你自己打车才麻烦！"

说这句话的时候，包子爸正在帮二宝小汤圆剪脚指甲，连头都没有抬，我却感受到了一股从未有过的暖。

那天下课后，父女俩果然又来接我了。

我一上车，小笼包就递给了我一个剥好的大橙子："妈妈，爸爸说，你和我上课都辛苦了，所以给我们买了橙子，补充能量。"

我掰了一瓣塞进嘴里，一种细微的幸福感就像一朵一朵的小喇叭花，在心底小心翼翼地盛开。

因为那一天早晨醒来的时候，我曾对包子爸说："老公，我昨晚梦见吃橙子了，特别大特别甜的橙子，咬一口，汁儿都能喷好远。"

人到中年的爱情，没有说走就走的自由，也没有想做什么就做什么的潇洒。有的只是在柴米油盐中，对彼此梦想的理解和支持，还有在孩子的哭声笑声中，对生活重担多一份的承担。

3/

昨天晚上，把两个娃哄睡后，我对包子爸说："我们玩个游戏吧，每个人轮流说出对方一个优点，谁说得卡壳了，谁就输了，要无条件满足对方一个要求。"

包子爸问："那如果你输了，我让你舔我的脚指头，你也舔？"

"那是，虽然你这要求有点儿恶心吧，不过愿赌服输，说出来的就要做到。"

包子爸本来已经哈欠连天了，大概是被这个好玩的游戏规则打动了，于是便应了下来。

游戏正式开始了！

包子爸："你笑起来特别好看。"

我："你做饭特别好吃。"

包子爸："你特别有情趣，总是能给家里带来很多新奇好玩的点子，比如家庭会议啊，零食日之类的。"

我："你肚量特别大，每次我们闹别扭，不管谁对谁错，你总是先来哄我。"

包子爸："你是个特别用心的妈妈，给孩子们讲故事，读英语，把孩子教育得特别好。"

我："你是个特别好的爸爸。带孩子们玩游戏、画画、叠纸飞机，让孩子们特别幸福。"

说到这儿，包子爸终于发现不对劲儿了："哎，你怎么总跟我学呢！"

我忍住笑："没有啊，我是正好也想说这个点儿。"

包子爸撇着嘴："太贼了，我终于知道你为啥让我先开始了。"

我："哈哈哈哈，游戏继续。"

包子爸："你身材好！"

我："你身材胖！"

包子爸瞪大眼睛："有点儿坏了啊你，我说你身材好，你就说我胖，这胖哪是优点啊！"

我："这你就不懂了吧。因为你胖，所以你肚子上有肉，肩膀特别宽厚，不管靠起来，还是抱起来，都特别有安全感啊！"

虽然不服气，但包子爸也找不出反驳的理由来，只好满脸不情愿地算我过。

包子爸："你腿特别长！"

我："你腿毛特别长！"

包子爸："这腿毛长怎么是优点了？"

我："腿毛长说明你man啊，充满男人味！"

这次包子爸也忍不住被逗乐了，而我更是抱着肚子笑到直不起腰来。

最后，这游戏因为我们笑得太大声，把弟弟吵醒了而被迫终止。

我一边哄着弟弟，一边回想着刚才的游戏，突然特别感慨："真没想到，过去这么多年，我在你心里还有这么多优点呢！"

包子爸从后面搂住我的腰，特别认真地说："嗯，在我心里，你什么都是好的。"

我扑哧一下，又笑出了声。

在那个漆黑的夜里，我这个步入中年的老阿姨好像终于明白了什么是爱情。

爱情，也许就是当你们亲昵地依偎在一起，你没忍住做了一个不雅的举动，依然可以脸不红心不跳看着那个人傻笑；

是你们虽然也会因为琐事争吵，但刚吵完架，你依然会惦记他明天有个会需要早起，他也会悄悄端一杯温水放在你的床头；

是虽然他成了不修边幅的中年油腻男，你也身材走样脸上有了细纹，但你们抱在一起的那一刻，还是会觉得特别心安。

我爱你，所以，我接受你的坏，拥抱你的好！甚至在我的眼里，你的缺点都已经成为你的特点！

而恰巧，你对我也一样。

奶奶带大的孩子，不会忘记奶奶

$1\!\!\!/$

昨天加了会儿班，回家的时候，弟弟已经钻进他奶奶被窝儿里了。听到我回来的声音，弟弟便嗒嗒嗒跑下床，一阵风似的钻进我怀里。

奶奶为了让我安心吃口饭，也起身出来，喊弟弟："圆圆，你不和奶奶睡了？奶奶晚上想你怎么办？"

弟弟看了看我，又扭头看了看奶奶，丢下一句"妈妈和爸爸睡吧，我回去陪奶奶了"，便一溜烟儿跑回了奶奶床上。

奶奶笑了，一边叮嘱我赶紧吃饭，一边自言自语道："奶奶带大的孩子啊，永远忘不了奶奶！"

当时我正往嘴里扒拉着米饭，听到这句，一颗泪吧嗒就掉到了碗里。

我也是奶奶带大的孩子。

小时候，不知道有多少人，当着奶奶的面对我说："小丫头，你奶奶养你可辛苦了，以后长大了，可不能忘了奶奶。"

一开始听到，我还会点点头。但后来听得多了，便觉得烦了，用小眼睛瞟着人家，潜台词是：这我能不知道，还用你说！

而奶奶则总是眼睛里带着满足的笑，回应人家："累啥，不累……"

现在回过头来看，奶奶显然是说谎了。

养一个孩子怎么能不累呢？

何况妈妈把我交给奶奶的时候，我才五个月大。

半夜起来好几次喂牛奶、换尿布，哭着不肯睡的时候抱着满屋子转悠，扶着小手弯着腰一点一点学走路……这些我当妈后做过的事情，哪一件奶奶当年逃得过？

更何况我从小就是个神经大条的孩子，动不动就闯祸、受伤、制造点儿意外。

我上初中的时候，有一次洗脚，倒个洗脚水，竟然把半壶开水浇到了自己的大腿上。

开水烫着皮肤的瞬间，几个大水泡就冒了出来，接着，水泡连了片。我站在院子里，疼得龇牙咧嘴，两脚直跳。

忘了奶奶怎么发现的我，只记得她背起我就冲出了大门。

夜里10点多，已经七十多岁的奶奶，背着九十多斤的我，在医院里爬上爬下，抽血，检查，缴费，化验……

我伏在奶奶肩头，看着奶奶额头的汗珠从一颗颗变成了一串串，浸湿了鬓角白发。呼啦一下子，好像有热流从我心中涌过，泪水一点点浮上来。

奶奶以为我是太疼了，一边爬楼一边喘着粗气不停地安慰我："丫头不怕啊，有奶奶，奶奶在，很快就会好的！"

我摇摇头："奶奶，我太笨了，都怪我，我平时应该少吃一点儿饭，现在就不会这么重了，让你背得这么辛苦！"

奶奶努力挤出笑给我："傻丫头，一点儿都不重。奶奶背得动，你还没长大，奶奶不会老的。"

为了不让奶奶担心，我使劲儿仰起头，拼命想止住哭泣，可是，泪水反而沿着眼角颗颗滚落。

2

虽然我总让她累，给她添无尽的麻烦，但她一直爱我。

她就像一束温暖的光，在我前三十年的生命中，始终都存在。

只是我慢慢长大，奶奶却一点点变老。她守护我的方式，慢慢变成了守望我归来的路。

十九岁，我去几千里外的地方读大学。

每当放寒暑假回家，我刚走到楼下，就能看到奶奶从窗户探出的脑袋，银白的头发，在阳光的照射下，温暖而耀眼。

远远地看到我，她便一个劲儿地挥手，大声喊着我的乳名。

我拎着行李，使劲儿小跑几步，嗒嗒嗒冲上楼，像个小炮弹一样，一头栽进她怀里。

奶奶紧紧抱着我，先是摸摸我的脑袋，又摸摸我的脸，不断重复："你这孩子，怎么又瘦了呢？奶奶给你做了你爱吃的红烧肉，一定多吃点儿！"

我使劲儿嗅着奶奶身上淡淡的肥皂味道，撒娇地笑着："太好啦，奶奶，我太想你啦！"

那个时候，我不知道，这个场景这些话，会让我许多年后，想起的每一个瞬间都泪流满面。

后来，我大学毕业回到了家乡。

接下来恋爱、结婚……我和奶奶反而变得越来越远。

记得出嫁那天，奶奶一直在努力微笑，但婚礼上，我给她敬茶的那一刻，她突然背过身去。

摄影师定格了那个瞬间。

直到现在，每每看到那张照片，看到奶奶努力忍着不哭的样子，我好像都能感受到奶奶当时那份又开心又失落，又期盼又不舍的惦念。

3

我结婚后，奶奶执意不肯搬来和我一起住。

我知道，她是怕给我添麻烦。她只盼着，周末我能回去看她。

每次回去，她看着我像块抹布一样把自己抛到柔软的沙发上，四肢舒展，一边揉脚一边对她碎碎念叨着小日子的柴米油盐，她就眯着眼睛，慈爱地笑着："丫头，奶奶给你包饺子，胡萝卜肉馅儿的，好不？"

再后来，小笼包出生了。工作、带孩子两头忙，被各种我当时认为无比重要的事情裹挟着，我去看奶奶的次数开始慢慢变少，从每周一次，减少到半个月一次，有时候甚至一个月……

奶奶也不怪我，只是常给我打电话，问我："丫头，挺好吧？"

我说:"嗯,挺好的。"

奶奶就说:"好就行。奶奶也好,不用惦记。"

我现在知道,奶奶这就是想我了。可当时的我没心没肺地以为,奶奶说不用惦记,我就真的不用惦记。

可思念哪里是能藏得住的啊!

所以,在奶奶病倒前的那个夏天,有一天中午,她终于没忍住跑来单位看我。

大中午,我刚从家里给小笼包喂奶回来,还没走到办公楼下,就远远地看到了她——一个瘦弱的老太太,佝偻着背,拄着一根拐杖,孤单地站在太阳下面。

我的眼泪哗啦一下就涌了出来,赶紧拎着背奶包跑到奶奶跟前:"奶奶,你来怎么不说一声啊,我去接你啊……"

"我怕你忙,你现在又要上班,又要回去给孩子喂奶,奶奶想想都觉得你累。你看你,比上次奶奶见你又瘦了好几圈。"

奶奶的话,让我一下子明白过来,她为什么会忽然过来。

原来,距离上次我见奶奶,已经快两个月了。

我拉着她的手说:"奶奶,对不起,我最近没去看你。"

奶奶摸摸我的头:"傻孩子,说啥对不起,奶奶知道你现在忙,我来看看你我就放心了,奶奶现在腿脚好,不打紧。"

直到今天,我都清晰地记得奶奶那天的样子。

她皱巴巴的脸被晒得通红,额上的汗水,浸湿了两鬓的白发,但目光始终不舍得从我脸上挪开,只是一直听我说,看着我笑。

因为我没能经常回去看她——其中有种种生活的现实和无

奈，所以，每每想起奶奶那天的样子，我便心疼不已。

在奶奶生前，我没能用我全部时间和精力去陪伴她这件事，更是让我充满遗憾和痛悔。

奶奶在我三十岁那年的冬天离开了我。

大年初六，寒风刺骨。我站在凌晨的大街上，失声痛哭，肝肠寸断。

那是我在爷爷去世十年后，再一次面对死亡与失去。

送别的那天，我抱着她的相片，努力用手指触摸它，照片上的奶奶还是那么好看：大大的眼睛，很深的双眼皮儿，笑容慈祥。

我知道，她走了，以后再也不会有人从阳台上探出脑袋，望着我回来的路，再也不会有人拄着拐杖跑去单位看我，眼睛里载着漫长的爱和思念。

4

转眼，又是一年冬天。

那天，和包子爸还有小笼包窝在沙发上，重温《寻梦环游记》。

当看到米格抱着吉他给太奶奶唱着那首 *Remember Me* 的时候，我的眼泪簌簌掉落。

小笼包问我："妈妈，你怎么哭了？"

我说："妈妈想自己的奶奶了。"

小笼包问："她去哪儿了？也像电影里一样，回另外一个家了吗？"

我把她的小脑袋搂进怀里："对，她回家了。她在另一个家里守望着我们。"

是的，奶奶没有真的离去。

否则为什么她在我梦境里总是那么清晰呢！

梦中，那个熟悉的小院里，奶奶正在给我听写生字。她还是和原来一样不识字，要我先教给她，她再给我听写。我一本正经地一字一词地教着奶奶："奶奶，这个是桃树，这个是李树……"奶奶戴着老花镜，像个小学生一样，无比认真而虔诚。

夕阳的光，还是和以前一样，把我和奶奶的影子拉得很长很长，而院子里的花，依旧散着好闻的花香。

有人说，人死了，就会变成一颗星，专门给走夜道儿的人照亮。所以，即使是寒冷的冬夜，我也喜欢站在阳台上，看那深蓝色的天。

天上的星星明了，是奶奶在看着我吧！

等地上的花儿开了，采一朵给奶奶戴！

奶奶带大的孩子，永远不会忘记奶奶！

你身边有多少像我这样的人

1/

这个国庆长假，带着小笼包回太原参加了表姐的儿子，也就是我外甥晨晨的婚礼。

虽说晨晨是我外甥，但其实只比我小三岁。因为辈分小，尽管已经三十了，愣是得管我叫姨，管六岁的小笼包喊妹妹。

因为在外地，我们一家是在晨晨结婚前一天才赶回去的。等我们到表姐家的时候，亲戚朋友们已经坐了满满一屋子了，屋里贴满了喜字，到处都是红红的，喜庆又热闹。

表姐见了我，郑重其事地嘱咐，说这次我是被委以重任的，并且这任务，选来选去，全家只有我有资格。

我忍不住好奇起来："到底是啥事啊，竟然这么挑人，全家几十口人，只有我合适？"

表姐笑了："那是，干这事的啊，必须是全活人儿！"

我更奇怪了："啥是全活人儿？"

表姐说，全活人儿必须符合下面四个条件：

第一，长辈——父母健在；

第二，本人——夫妻双全（必须是原配夫妻）；

第三，平辈——兄弟姊妹都有（因为我们这一代大部分是独生子女，所以这一条里，表姐妹堂兄妹之类的都算数）；

第四，晚辈——有儿有女。

大家认为，这样的人是有福之人，能给新人带来好运。

听完表姐的讲述，我赶忙掰着手指头算了算！哎呀，以前没发现，原来我这么厉害，还真是啥都有啊！

不过我还是有点儿不明白，我到底需要做什么事呢？

表姐笑了："别紧张，这两件事很简单。第一件，明早5点钟过来给晨晨新房铺床；第二件嘛，就是今天晚上给晨晨包岁数饺子。"

"岁数饺子？这又是啥？"

"岁数饺子都不知道？你当时结婚没吃吗？"

"没吃啊……"

"不可能，结婚都得吃。"

"我真没吃啊！"

看着我无辜的眼神，表姐拍了下大腿，恍然大悟："嘿，你看我都忙晕了，忘记你嫁的是山东人。这是咱们这边的风俗，新人结婚的头天晚上12点，都要吃岁数饺子。顾名思义，这个饺子和新人的岁数有关系，但并不是你年龄多大，饺子就有多少个，而是新人的虚岁年龄再加两个饺子，取意天一个，地一个。"

听了表姐的话，我算了算，外甥今年虚岁三十一岁，也就是说，他一共要吃三十三个，我忍不住咂舌："天哪！这么多，晨晨能吃得下吗？"

表姐又笑了："平时人们包饺子一般都图大，包着省劲儿，吃着痛快，但是咱们今天得包小的，越袖珍越好。"

2

终于等到晚上9点多，帮忙的亲朋好友渐渐散去，轮到我大显身手了。

说到包饺子，我以前还真是挺拿手的，练的还是"童子功"，小学三年级的时候，奶奶就教会我了。

不过自从嫁给包子爸后，我就很少进厨房了，距离上次包饺子已经很久远了，自己这厨艺到底还留存多少，我心里真没底。再加上今天这饺子本身有点儿难度——不仅皮得小，肚子里还得有货。

所以，当看到周围有七八双眼睛齐刷刷地盯着我后，我一下子紧张起来，皮怎么都擀不好，不是太大，就是不圆。

还好人民群众的智慧是无穷的！看我半天擀不好一个皮，一个嫂子提议，可以先擀一张大面皮，然后拿个小酒杯，用杯口去扣面皮，这样不仅能保证圆，还大小统一。

果然，小酒杯上场后，几分钟，三十多个面皮就做好了。

接下来，就该包馅儿了。

饺子皮小，馅儿显然放不了太多，容易破，但馅儿也不能太少，太少的话，饺子肚子会瘪瘪的，不仅不好看，吃起来口感也差，所以，分寸的拿捏就相当重要。还好我包饺子的基本功还算比较扎实，包了一两个后，便轻车熟路了。半个多小时，饺子全部完工。

我看着它们站在红盘子里，小小的白白的，就像一群等待着下河游泳的小鸭子，甚是可爱。

因为包子爸第二天要做婚礼的主持人，小笼包也要当小花童，所以当时他们已经先回宾馆休息了。于是，我拍了张照片给包子爸发过去。

包子爸连着发了三个赞叹的表情："天哪！我媳妇还会包饺子！真是太贤惠了！"

3

回到宾馆，包子爸还没睡，一直在等着我。

说到两地办婚礼的不同风俗，我假装嗔怪他："哎，还是我们山西婚礼好玩些，在你们山东结婚，连个饺子都没吃着。"

没想到包子爸一听急了："谁说没有吃饺子？难道你忘了，我去大娘家接你的时候，大娘专门包了满满一碗。"

他这么一说，我也一下子想起来，我结婚的时候，还真的吃了饺子。

出嫁那天，因为娘家在外地，所以我是从包子爸的大娘家出嫁的。

关于吃饺子的具体情形，我已记不太清楚，只记得当时被要求互相喂着吃，然后那饺子不仅个儿大，还齁咸齁咸，吃得我又撑又渴。

本来聊到这里，我觉得这个话题已经可以结束了，可包子爸显然被我那句"山东婚礼不如山西好玩"点燃了斗志。大半夜的，偏要拉着困得睁不开眼的我讲他们山东婚礼吃饺子背后隐藏的丰富含义，想不听都不行。

"我们山东吃饺子，是男方到女方家接亲的时候，新郎一进门，新娘的家人就要开始煮饺子了。煮饺子本身没什么特殊要求，要留心的是，盛饺子的容器一定要用碗而不是盘子。因为用碗盛饺子好看，吃起来不容易见底，见底了显得不吉利。

"另外盛饺子一定要盛双数在碗里，还要吃双数留双数，一般一碗十二个，吃掉八个或者六个都是合理选择。但碗底一定要留，不能都吃光，意思就是做闺女的要给娘家留着点儿，不能把家里东西都带跑了。所以就要求两人在吃饺子的时候，一边吃，一边在心里默默数数。

"不过最难的是，新郎和新娘还要用筷子夹着饺子交换吃。用筷子把饺子夹住，小心翼翼送到对方嘴边，两个人还要张开嘴，把饺子吃到嘴里，同时还得注意吃的形象，不能太豪放，以免给摄影、摄像留下拍摄幸福瞬间的机会……"

就这样，原本快要见到周公的我，硬是被他唠叨得清醒了过来。

说实话，我是真不记得也不知道我们结婚的时候，里面还有这么多门道。

"可我当时吃的时候根本没数啊，你也没告诉我数啊，我吃的是双数吗？"

"当然是，我都帮你数着呢！"

"你可真能干，吃着你自己的，还看着我的。"

"没办法，谁让我娶了个傻老婆。买个苹果吧：

"'老板多少钱一斤啊？'

"'两块一斤。'

"'那么贵啊，便宜点儿行吗？五块钱二斤，行不行？'"

包子爸一边说一边笑，我也忍不住跟着笑起来，笑着笑着，心里便涌起了温柔的暖意。

到底什么是喜欢？什么是爱与婚姻？

喜欢是，因为觉得你好，所以我喜欢你。

而爱与婚姻，则是知道你并没有那么好之后，我还是愿意和你在一起。

4

第二天，在外甥的婚礼上，我们全家都圆满完成了任务。

包子爸担任婚礼的司仪。虽然很少主持婚礼，经验稍显不足，但极具磁性的声音，幽默风趣的话语，还是瞬间hold住了全场。

小笼包化了美美的妆，和一个小弟弟一起，是婚礼上最可爱的小花童。

婚礼结束后，小笼包还趴在我耳朵上，悄悄说："妈妈，新娘好美啊！我也想当新娘，穿那么漂亮的婚纱。"

我摸着她的小脑袋，突然想到，小笼包出嫁的时候，我一定已经是个满头白发、满脸皱纹的老太婆，看着她牵着爱人的手，走向婚礼的殿堂，我一定会哭到不能自已……想到这里，不禁难忍伤感。

世间所有的爱都奔着团圆而来，唯有父母与子女的爱，却指向了分离。

那个在你怀里咿咿呀呀吃奶的娃娃，也许转眼就会挣脱你的手，蹦跳着走属于自己的人生。而你不管有多么不舍，多么怀念，除了挥手再见和祝福，什么都做不了。你留不住时光的脚步，只有珍惜。

至于我——

那天早晨5点，我顶着一双头天晚上和包子爸聊天聊到两点半的熊猫眼，去给新人铺了红红的床铺。

当把红床单扬起来的那一刻，我心里突然有种温柔的情愫滚动着：婚礼只是婚姻生活的开端，而和相爱的人携手共同经历欢喜悲忧，抵挡流年的坎坷才是婚姻的实质。

多么希望所有因为爱而走进婚姻的人，在步履蹒跚的时候，仍能牵紧那只手，尽管已经布满皱纹，但是手心依然有温度，眼里依然有温情。

遇见你，好幸运

1

包子爸出差一周多了，最近我一直处于白天码字，晚上一拖二带娃的状态。

昨天，加班写了点儿东西，回去已是晚上8点多了。等我吃完饭，推送完公号，又回复了群里几个妈妈的信息后，扭头一看，弟弟已经窝在沙发的角落里睡着了。我刚准备把他抱到床上，一摸小额头，才发现弟弟发烧了。

哎，小笼包周末发烧的时候，我就有点儿担心弟弟。果然，姐姐前脚刚好一点儿，弟弟后脚就衔接上了。

包子奶奶正在卫生间里给娃们洗衣服，听见动静，也赶紧出来了："难怪这孩子下午就一直哼哼着要找妈妈，原来是生病了不舒服。"

听着包子奶奶的话，我眼睛一下子就湿了，自责和内疚在心口翻滚着。

因为就在刚才，我在桌前工作，弟弟过来扯我的衣角："妈妈，你不要写稿子了，快给我讲故事呀，我想听故事，求求你了……"

那会儿，我正忙着做最后的排版和编辑，满脑子都是推文的题目到底该叫什么，所以连看都没顾上看他一眼，只是嘴上敷衍着："好好好，你先去选书，选好了就在沙发上等妈妈，妈妈忙完就立刻给你讲。"

弟弟很乖，听完我的话，真的走开了。

然后等我再看他，他便已经在沙发上睡着了——没有刷牙，没有洗澡，小腿悬在半空中，浑身滚烫，手里还紧紧地搂着心心念念想让我读给他的那本《呀，屁股》。

把弟弟安顿好后，我正准备给小笼包讲故事，却突然发现床边只有三本书。

要知道，在平时，小笼包每次都是抱着满满一大摞，那阵仗，恨不得要把整个书架都搬过来似的。

于是，我问小笼包："哎？今天怎么只选了三本书呢？"

小笼包歪歪头："因为我选得少一点儿，妈妈就不会生气了呀。

"妈妈，我刚才挑了很久很久，终于选出了三本最最想听的。只有三本哦，三本一点儿都不多，是吧？"

看着小笼包朝我认真竖起的三根小手指，我瞬间明白了过来。

前天晚上，因为手头一直在处理一些杂事，到我忙完，给孩子们洗漱完上床已经9点半了。才讲了三四本书，便已经10点多。

考虑到第二天还要早起，我说："今天不讲了，赶紧睡觉吧。"可是姐弟俩显然还没听够，躺在那里，一个劲儿地哼哼。

我本来就已经很累了，被他们一哼唧，脑袋快要炸开，于是便冲他们发了脾气："听故事听故事,你们不看妈妈都累得不行了吗?你们就不能早点儿睡觉让妈妈也休息一下?"

其实训完他们,我就后悔了。我心里明白,孩子想听故事,这并没错。问题是包子爸这两天出差,我又太忙了,带他们上床的时间有点儿晚……

本来想着第二天和孩子们好好解释一下,可实在是太累太忙了,后来就忘了……

想到这里,我心里五味杂陈,只能把小笼包紧紧搂进怀里:"孩子,那天只是因为妈妈太累了,才那样说的。以后,你还可以选多多的故事书,妈妈喜欢给你讲故事,更喜欢你听妈妈讲故事的样子,讲多少本妈妈都愿意……"

2

终于,两个娃都睡了。

不过弟弟因为发烧,睡得一直不是很安稳,睡梦中,时不时哼哼一声,或者突然坐起来,哭着喊"嗓子疼"。

我一边安抚着生病的娃,一边被内疚、自责和无力的情绪淹没着:我恨我自己怎么这么无能,为什么白天不能效率高一点儿!如果我早一点儿把工作完成了,晚上就不会连弟弟发烧都不知道,更不会让孩子们一直眼巴巴地等……

正难受着,包子爸打来了电话,问我孩子们睡了没。

听到他的声音,我一下子哽咽了:"儿子发烧了,可我刚才忙着写稿子都没顾上管他;闺女想听故事,可时间不早了,我才给她讲了三本,我这两天真的太累了……"

我还没说完，电话那头便传来包子爸的紧张和担心："什么？孩子发烧了？现在还烧吗？"

"好点儿了，三十八摄氏度左右，还在观察着。"

包子爸听后，终于松了口气："那就好，我这边还有点儿工作，稍等一会儿给你回过去啊！"然后便挂掉了电话。

我那忍了很久的眼泪，再也忍不住了，呼啦一下子全都跑了出来——果然，在结了婚的男人心里，孩子比老婆重要多了。你看，只要儿子没事，我哭不哭、累不累，根本都不重要……

半个小时后，包子爸终于又打电话过来。

虽然我睡得迷迷糊糊，可还记得刚才的委屈，于是便赌气没有接。

其实我也不是真的不想接，我只是觉得，他要是真的担心我，就还会再打过来的……如果再打一个，我就接……

可是，那一个电话之后，便再没动静了。

辗转反侧，犹豫再三，我还是主动打了过去。没想到，电话接起来，包子爸没有说话，周围却是男男女女的说笑声。

"你干吗呢？"

包子爸沉默了三秒后，说："打扑克呢。"

当时听到这句话，我真的肺都要气炸了。好嘛，家里都乱成一锅粥了，我也快要累死了，你竟然在打扑克？！

我强忍着怒气："你不是说要忙工作吗？"

包子爸许是怕旁人听到，压低了嗓音："刚才已经都忙完了。给你打电话没接，我以为你睡了就没再打。"

也许是感觉到我生气了，包子爸继续解释："就今天工作相对轻松一点儿，大家都累了一天了，想着打一会儿扑克放松一下，你至于这么不高兴吗？要是你实在不高兴，我就不打了，行了吧。"

"没有不高兴，你玩吧，我睡了。"

愤愤地挂断电话，心里正堵得难受，弟弟又醒了，哭着要妈妈抱着睡。

黑暗中，我呆呆地坐在床上，抱着浑身滚烫的弟弟，心里突然涌上来一种强烈的、无处言说的孤独和委屈。

看见了吧，你爸现在居然嫌我麻烦！他出差这么久了，我一个人带着你们两个，累到脚不沾地，他不仅连一句暖心窝的话都没有，居然还嫌我麻烦……

开始，眼眶只是酸酸的，可这么想着，委屈竟越胀越大，渐渐有泪水落了下来。

3/

这时，电话突然又响起来了。

我火冒三丈抓起电话就准备吼："打你的扑克牌去吧，别理我。"

可还没等我吼出口，屏幕上竟蹦出一张胡子拉碴的大脸，瞪着红红的俩眼珠子，生生吓了我一大跳。

"老婆，别生气了。我不玩了。一开始的时候，我以为你睡着了呢，就没敢再给你打电话。我知道我出差这段日子你受累了，对不起老婆，都是我不好，没能照顾好你和孩子们，还好我就快回去了，你再坚持两天……"

听着这些话，我鼻子一酸，泪水转了几个圈，又咽了回去。

"老婆，其实出来这两天，我一直都很惦记你和孩子，今天下午我抽空跑去免税店给你们都买了礼物，给宝宝买了牙膏和面霜还有巧克力，给你买了面膜……"

我本来还想着假装淡定，可一听这家伙竟乱花钱，于是便忍不住朝他瞪起了眼："你又不知道我用什么牌子的，谁要你乱买！"

"我是不太懂，所以我问了一下我们单位比较懂这个的女同事，她们说好的，我都买了。另外，还给你买了迪奥的限量款口红，一盒有五支那种。"

"天哪！五支！你疯了吗？你到底花了多少钱？"

"哎呀，没事老婆，只要你喜欢就行，我自己省点儿，这点儿钱就出来了。难得给你买这些，以后，我努力赚钱，把你喜欢的都买给你。只要看你开开心心、漂漂亮亮的，我就高兴。"

包子爸在电话那头嘿嘿地笑着，我的眼泪却再也忍不住，像断了线的珠子，簌簌滑落。

我并不是被那几支口红收买了，真的！

只是好像一下子从悲愤的情绪中清醒了过来。

其实，没有谁比我更明白，包子爸是一个好丈夫、好爸爸——家里的钱，从来都是先紧着我和孩子花，只要我和孩子想要的，二话不说就买回来，但对自己特别小气……

明明自己工作也很忙，但为了支持我创业的小梦想，不仅业余时间给我当免费劳力，录故事剪音频，而且只要他在家，做饭，接送孩子……就从不用我插手。

还有此刻，看着他发红的眼睛，声音里略带沙哑，不用想就知道，出差在外的日子，并不比我在家里过得轻松容易，但他还是撑着疲惫在安抚我的坏情绪……想到这里，那些刚才还咆哮沸腾的失望和伤心渐渐淡去。

也许我以前，太过于习惯了享受这种幸福和便利，却忘记了——

生活本已不易，所以两口子在一起过日子，除了柴米油盐酱醋茶的物质生活，更需要精神上的支持与尊重。

不是谁怕谁，也不谈牺牲，就是一种相互依恋、相互尊重，还有实打实的相互心疼。

说到底，当一起走过七年的时光，当爱情落地为亲情，一场婚姻带来的，早已不是谁照顾谁，而是彼此依靠、彼此扶持，以及我们手牵着手，放心大胆往前走的力量和勇气。

回家的路，这么近，那么远

1/

从太原回济南那天，闺密和包子爸的哥们儿一起送我们。

本来是计算好的时间，可是就在吃完午饭临出发去车站的时候，包子爸发现我买错了票——我把目的地和出发地买反了。我们是从太原回济南，可我买成了济南到太原。

闺密和我开玩笑，这是有多舍不得走啊，所以还没回去，就把回来的票又买好了？

这一句话，说得我瞬间红了眼眶。

我是舍不得。

回来仅短短三天，除去办事，剩下的时间实在寥寥，能见的人也实在有限。

而我曾经在这里，成长、学习、工作，三十多年，有太多太多的回忆和放不下的牵挂。

这里，曾是我的家。

2/

记得回太原的前两天，大概是因为太久没有回去了，所以，订了车票的那晚，我超级亢奋。

我抱着小笼包一个劲儿地讲："你知道吗？过两天，妈妈要带你和弟弟回妈妈的老家啦！那可是妈妈出生的地方。哦，对了，也是你出生的地方，你在那里长到了两岁才离开的呢。那里的夏天特别凉快，只是中午热一小会儿，晚上，还得盖棉被。

"那里有很多好吃的，妈妈最爱吃的小吃有王平面皮，还有杨记灌肠。妈妈上学那会儿，最快乐的事情，就是约着小伙伴一起去吃，吃的时候，如果再来一瓶太钢汽水，一口下肚，别提多爽了……"

也许是我喋喋不休地宣传洗脑，彻底勾起了小笼包对太原的好奇和兴趣，她满脸期待地告诉我："妈妈，我都等不及了，真想马上就回去啊！"

我摸摸她毛茸茸的小脑袋，其实我又何尝不是呢？

有时候静下来想，我好像的确是个多愁善感的人，通俗地说，就是有点儿矫情。

比如这世界上离开老家在外拼搏打拼的人多了，有的人还跋山涉水，定居国外，也没见人家怎么样。而我，不过是从山西到山东，跨了一座太行山而已，都快三年了，我还经常会因为想念家中奶奶做的那碗手擀面而流泪。

我是真的很想家啊！

尤其是每当我下馆子找不到醋的时候，或者兴冲冲走进一家刀削面馆，等面上来却发现完全就是一碗挂面的时候……我真的恨不能生出一双翅膀，或者是变成孙悟空身上的一根汗毛，瞬间就能回到那个大街小巷都能吃到面条，闻到醋香的地方。

对于我的这种想法，包子爸总是不屑："现在，这世界上最爱你的人就是我了。想什么家啊！我在哪儿，哪儿就是你家。"

唉，面对一个自恋到如此程度的人，我也只能表示服气了。

3/

到太原的那天，已是傍晚。

好友来接我们。

坐在车里，靠在窗边，感受着风儿轻轻吹过脸颊——啊，真好啊！熟悉的空气，亲切的街道，还有可爱的朋友！

许多细细碎碎的小幸福慢慢升腾起来，充满了我的心脏、喉咙，让我快乐得只想唱歌。

然而美好总是短暂的，这种幸福并没有持续很久，就在酒酣饭饱，好友送我们回宾馆的时候，它被打破了。

因为这次出行带着两个孩子，所以包子爸出发前，还专门预订了一个好一点儿的酒店。没想到，当我们办理入住到房间后，才发现酒店的宣传和实际情况严重不符——别的暂且不提，单说那宣传中的豪华大床房，到了现实中，竟然是一张一米五的床。

想想我们四个人，这么窄的床是万万不可能睡下的啊！

此时，坐车被圈了一天的娃们就像放出笼的小鸟，彻底放飞了自我——小家伙们把鞋子一扔就爬上了床。弟弟更是三下五除二就把自己脱了个光溜溜，然后和姐姐一起，在床上又蹦又跳。

四只小脏脚丫瞬间就给床上印上了一朵一朵的小黑花，任凭我怎么说都停不下来。

包子爸只好让我和娃们先在房间等着，他去前台沟通换房。

等了足足二十分钟，包子爸才回来。

他说，酒店表示，他们这里最大的双人床就是这么大，所以只能给我们换一个A类大标间，为我们把两张单人床拼在一起。

我看了看表，已经快11点了。这个时间拖着行李和娃换酒店，不太现实。所以看起来，也只能这么办了。

于是，我和包子爸又跟打仗似的把娃们抓过来，穿衣服穿鞋子，拖着行李和娃开始换房间。

到了新房间第一件事，我和包子爸就开始拼床。

等我们费了好大力气把床拼好、把行李安置好，以为终于可以松口气的时候，却在给娃放洗澡水的那一刻傻了眼。

什么情况？莲蓬头竟然是坏的？！

那时候，弟弟在哼哼唧唧一番后，已经趴在沙发上睡着了。而姐姐也因为困到了极点，情绪开始变得烦躁，一直吵着说自己脚疼。

在包子爸再次和酒店沟通后得知，如果想洗澡，我们只能再次换房。于是，我和包子爸只好一人扛着一个娃、一个大包，外带一只硕大的皮箱，逃荒似的走在换房的路上。

临近午夜12点的酒店走廊，除了我们，安静得没有任何声音。

4/

这次，我们终于换到了看起来没有问题的房间。

卸下娃和行李的那一刻，我一下子瘫在了床上。

就在这时，一旁的小笼包突然拍拍我，然后揉着睁不开的眼睛问我："妈妈，你不是说我们是回你的家吗？为什么我们还要住宾馆？"

小笼包的话，像电一样击到了我的痛点。看着她疲惫且略带失望的小脸，我竟一时语塞。

是啊，是我说我要带着他们回家的。于是他们三个，满心欢喜地跟着我来了。

可是回来了，没有一个可以收留我们的家，我们只能蜷缩在这个换了三次才勉强能睡下的宾馆。

正在整理行李的包子爸见状，赶紧接过话茬儿："住家里多没意思！你看咱们住宾馆，床拼起来这么大，软软的，你和弟弟明天可以在上面随便蹦。哎，对了，你看，这里还有大浴缸，爸爸妈妈可以给你们洗泡泡浴哦。"

一听到有泡泡浴，小妞的脸终于多云转晴，不一会儿便趴在枕头上睡着了。

那天夜里，娃们在一旁睡得酣甜，包子爸的脸挨在我颈窝里，呼吸缓慢。

我知道，每当人疲惫到极致的时候，呼吸就会变得迟缓而沉重。想想这一天，舟车劳顿，再加上晚上这一通折腾，他一定累得不轻。我的眼圈一下子就红了，强烈的内疚和自责如海啸般袭来。

　　我忍不住问我自己："这里真的是你的家吗？如果是，为什么你现在会领着丈夫和孩子睡在宾馆？"

　　但心底另一个声音马上反驳道："当然是我的家了。我的爸爸在这里，我的妈妈也在这里啊！"

　　"是的，你爸爸在这里，妈妈也在这里，但试问那一个家里，可曾有你生活过的痕迹？试问在这漆黑的夜，你敢去敲谁的门？这么多年了，难道你还不明白？他们的家是他们的，和你无关。"

　　"可我也是他们的孩子啊！难道这天下真的有父母不爱自己的孩子吗？"

　　"也许不是不爱，但你不是他们最珍惜、最在乎的那一个。所以，当生活中有很多矛盾冲突，必须选择其一的时候，你永远是被排在最后甚至是被放弃的那一个。"

　　想到这里，一阵尖锐的刺痛就这么沿着心脏缓缓上行。也许，我曾经在这里有家，但那个家，早已随着爷爷奶奶的离开，而不复存在。所谓的回家，只不过是我放不下的执念。

　　黑暗中，我终于忍不住哭泣，我知道，那一刻自己一定难看极了，可我就是想咧开嘴大哭一场。

　　就在我哭到不能自已的时候，突然，包子爸翻过身来，从背后紧紧环抱住了我，在我耳边喃喃："老婆，不哭啊，你还有我，我就是你的家。同样，你在哪儿，哪儿也就是我的家。不管是住宾馆也好，睡路边也好，这都不重要，只要咱们一家在一起。"

　　我抽泣着转过身伏在包子爸胸前，任由泪水肆意流淌，打湿了他的胸膛。

5/

记得小时候，经常觉得很孤单，每次感觉撑不住的时候，我都会告诉自己，长大了就好了。

因为那时候我总觉得，长大了，我就可以有我自己的小家，可以有每天一起吃饭、一起睡觉，甚至一起吵架、拌嘴，肆无忌惮打嗝儿、放屁的家人。

现在，我终于长大了，我也真的有了爱我的丈夫，有了一双那么可爱的儿女，还有了一对上辈子拯救了银河系才换来的好公婆。我知道，我应该珍惜，应该知足。

可不知道为什么，心里那个洞，反而随着时光流逝变得越来越大。并且我越是想堵住它的时候，它越是急赤白脸地给我脸色看。

以前我不懂这是为什么，但就在那一夜，我好像突然有点儿明白了，为什么三年前我即将离开太原跟着包子爸去济南的时候，会有那么多的不舍。

也许是因为，在那个时候，我心底便早已经知晓，自此一别，从此往后回家的路，便是这么近，却那么远！

所以我想，也许我所需要的，是真正的绝望吧。

真正的绝望跟痛苦、悲伤没有什么关系，也并不是气馁。它只是让你认清"命运的归命运，自己的归自己"这样一种实事求是的态度。

这种态度，能让你找回自己的内心，让你变得心平气和，让你能站在更广阔的角度去看待问题，获得更豁达的生活态度，也让你意识到你不能把快乐的希望完全寄托在别人身上。

那天，看《朗读者》，听陈数朗读刘瑜的《一个人要像一支队伍》，只听了几句，便被戳中心窝，然后眼泪簌簌掉落。

文章说："我想自己终究是幸运的，不仅因为那些外在的所得，而且因为我还挺结实的。总是被打得七零八落，但总还能在上帝他老人家数到'九'之前重新站起来，再看到眼前那个大海时，还是一样兴奋，欢天喜地地跳进去。在辽阔的世界面前，一个人有多谦卑，他就会有多快乐。当罗素说知识、爱、同情心是他生活的动力时，我觉得简直可以和这个风流成性的老不死称兄道弟。因为这种幸运，我原谅自己经受的挫折、孤单，原谅自己的敏感、焦虑和神经质，原谅上帝他老人家让X不喜欢我，让我不喜欢Y，让那么多人长得比我美，或者比我智慧，原谅他让我变老、变胖。因为他把世界上最美好的品质给了我：不气馁，有召唤，爱自由。"

那一刻，我终于释然了。

我想，从现在开始，我也要努力试着原谅自己经受的挫折、孤单，原谅父母没有陪我长大，原谅他们曾那么少地参与我的生活，那么少地出现在我的世界。

也原谅上帝他老人家让我这么爱哭，这么敏感、焦虑和神经质，因为他把世界上最美好的品质给了我：不气馁，有召唤，爱自由。

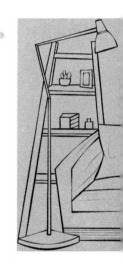

第二章

亲爱的小孩，
我想和你一起虚度时光

妈妈，如果你死了，
我想你的时候，就在枕边放一束花……

1/

早晨8点多醒来，包子奶奶已经带弟弟下楼了，只有我和小笼包在家。

小笼包说想吃我做的疙瘩汤。

好久不进厨房了，差点儿忘了我也是会做饭的，尤其是这疙瘩汤，在小笼包小时候，是我最常给她做的辅食之一。以前还装成美食达人，在微博上发过帖子呢！

说起来，这疙瘩汤不仅好做好吃，而且还有个很感人的故事。

相传很久以前，一位老妇人去看望已嫁他乡的女儿，到了中午该吃饭时，女儿却犯了难，按说母亲来了该做点儿好吃的孝敬母亲一番，可是婆家日子过得紧巴，做点儿什么才能不让母亲担忧呢？

后来，女儿灵机一动，有了办法——她把家里仅有的一点儿白面盛到碗里，加入一丁点儿的水，用筷子搅拌成小碎疙瘩糊放进锅里，又搜寻一些土豆、萝卜、鸡蛋、大葱、香菜等放入锅内，煮熟后烹了一勺油花，加入盐等作料，便做成了一锅不稠不稀香喷喷的汤饭，小心翼翼地端给母亲吃。

母亲吃后赞不绝口，问女儿这叫啥，女儿赶忙说："这是我来到婆家后学会做的，名叫'疙瘩汤'。"

这故事是小时候奶奶讲给我听的。

那是小学三年级的时候，奶奶有事要回老家，怕爷爷修车摊生意太忙，赶不回来给我做饭，就给我讲了这个故事，并教会了我怎么做。

自从掌握了这项技能，我真就再也没饿过肚子。

只是二十多年过去了，厨艺再无长进，即使当了妈，做得最好的，也还是这疙瘩汤。

2/

给小笼包盛好饭，我去晾衣服。

站在阳台上，听到小笼包喊我："妈妈，你做的疙瘩汤实在太好喝啦！"

被闺女表扬了，我心里偷着乐，可还没听够，于是继续厚着脸皮问："真的呀，具体说说怎么好喝？"

小笼包眯起眼睛想了三秒钟："因为啊，这汤里有妈妈的味道。"

好吧，论说情话的本事，这妞真是随了她爸爸。

喝着汤，小笼包突然问我："妈妈，你也会死吗？"

死？我愣了一下，突然反应过来，一定是因为昨天我们读了《亲爱的》这本书。

《亲爱的》讲的是一个叫豌豆的小女孩，在妈妈去世后，爸爸沉浸在悲痛中不能自拔时，她每天悉心照料爸爸，并最终用自己的爱和温暖将爸爸带出了痛苦和消沉的故事。

每次给小笼包读这个故事，我都会哽咽流泪。

我放下手中的衣服，回答她："是的，每个人都会死。"

小妞显得很担心："那妈妈，你还有多久死啊？"

以前，总是对"死"这个字眼儿讳莫如深，有了孩子后却发现，既然躲不开绕不掉，也只能面对。

我想了几秒，回答她："一般来说，我们每个人能活九十多岁吧，如果好好吃饭，早睡早起，锻炼身体，说不定能活一百多岁。"

"妈妈，等你和爸爸一百岁都死了，那弟弟呢？弟弟还在吗？"

我点点头："如果有一天，爸爸妈妈不在这个世界上了，还有弟弟陪着你。"

小笼包笑了："还有我老公吧？"

我也忍不住笑了："对，还有你的老公、你的孩子。"

"天哪！如果我当妈妈有孩子了，是不是还得给我的孩子讲故事呢？"

"对呀，就像妈妈现在一样。"

小笼包皱起了眉头："那万一我的孩子听故事听个没完，我累了可怎么办？"

我忍不住笑了，原来这个每晚总是要求我讲故事讲个不停的小笼包，也知道妈妈会累。

"嗯，我有时候就是这种感觉，你有什么好办法吗？"

小笼包想了几秒钟，兴奋地拍了一下小手："有啦，我可以让我孩子的爸爸讲啊！"

小笼包显然很满意自己想出的这个方案，继续啊呜啊呜地喝着汤。

而我突然特别感慨，仿佛一下子明白了，为什么总是有那么多的专家强调家庭环境和父母对孩子的影响。

就像在我们家，在养育孩子日常琐碎的事物中，包子爸始终是和我一起承担照顾孩子的角色，不是偶尔帮一下忙，而是始终在陪着孩子成长，持之以恒地进行着的。所以在小笼包心里，才会觉得爸爸带孩子、给孩子讲故事是一件再正常不过的事情。

如果一个家庭里爸爸长期缺席，那么在孩子心里，对于爸爸的概念一定是模糊不清的吧。

我正想得出神，小笼包突然跳下餐椅，搂住了我的脖子："可是妈妈，如果你死了——虽然我有弟弟、有老公、有孩子，可我还是会想你，怎么办？"

小笼包的话，突然让我心里一阵难过，还没想好怎么回答，小笼包又继续问："妈妈，如果你死了，我想你的时候，睡觉的时候就在枕头边放一束花，然后晚上你就到我的梦里来可以吗？"

"为什么是放一束花？"

"因为妈妈喜欢花啊！"

小笼包说得很平静，但我仰起头，暖暖的阳光下，泪水开始在眼睛里盘旋。

当人有了浓浓亲情，如何能轻易割舍潇洒离去。这种永别，单是想想，就让人感觉心头一阵紧缩。

我把她揽进怀里："傻孩子，妈妈也会很想你，这个约定，妈妈一定会记得。"

二胎好不好？你心里的答案更重要

1

周日，我在码字，姐弟俩在一旁看书。写着写着，突然被二人叽叽喳喳的声音吸引了。

扭头一看，姐姐正在一本正经地给弟弟上单词课。有的音弟弟发不准，姐姐便认真地给弟弟纠正发音。

比如turtle（龟）这个单词，弟弟读成了"tei头"。姐姐纠正了两次发现弟弟还是读不对后，竟然还知道让弟弟看自己发音的嘴型。还有butterfly（蝴蝶）这个单词，弟弟一开始发成了"八特胡来"。姐姐告诉他，是"butter"，不是"八特"；是"fly"不是"胡来"。可弟弟好像并没有get到姐姐的点，还是读错。

我在一旁听着都快笑出眼泪了，但姐姐不厌其烦，一遍又一遍地重复给弟弟做示范。

我在一旁，一边偷偷拿手机给他们拍着视频，一边乐不可支……

其实类似的场景现在经常在我们家上演。

有时候弟弟抱着书过来让我读，我又恰好很忙，说"等一等"，弟弟便会甩甩小脑袋："那我找我姐姐给我念去！"

而姐姐也很给力，每本弟弟爱看的书，她都能绘声绘色地讲出来。有的绘本她只听过一两次，却也能看图说话地给弟弟即兴编一个故事出来。

有一次，我听到她把一个科普蜂蜜是怎么做成的绘本，生生讲成了一本"小蜜蜂找妈妈历险记"。但只要弟弟听得开心，姐姐讲得快乐，这又有什么关系呢？这种相互陪伴的温暖，早已超越了一切。

2

作为一个二胎妈妈，我每天都会收到许多妈妈关于到底要不要生二胎的提问。

前两天有位妈妈问我："包妈，你会不会觉得弟弟的出生会抢走一部分你对小笼包的关注和爱？这会不会对小笼包有些不公平？"

当时看到这个问题，我突然想起刚知道怀上弟弟的时候，我告诉小笼包："有个小宝宝在妈妈肚子里了，Ta可能是个小弟弟，也可能是个小妹妹。"

小笼包听了，一下子呆住了，足足愣神愣了有几十秒，然后急急忙忙跑进了卧室。

我跟进去，只见小妞把自己的小衣柜翻了个底朝天，然后捧着顶小红帽问我："妈妈，我是不是可以把这个送给Ta？"

这顶帽子是小笼包几个月大的时候戴的，小笼包很喜欢，就一直留着。

我瞬间被感动得眼泪掉下来了。真的，孩子的世界实在太美好、太善良了——对于一个新生命的到来，她的第一反应不是Ta会夺取我什么，而是我能为Ta做什么。

弟弟出生后，小笼包真的把这顶小红帽送给了弟弟。

回归正题，弟弟出生后，我和包子爸是不是对小笼包的关注会有所减少？

这个我必须承认，弟弟出生后，尤其是第一年，对小笼包生活上的关注和照顾的确会比之前少一些。因为一个人的精力是有限的，给弟弟喂奶换尿不湿哄睡等，确实会占用以前陪小笼包玩玩具讲故事的时间，但这也并不全是坏事。

比如，很多时候，小笼包想让我给她讲故事或者陪她玩，我又正好在哄弟弟睡觉，她就会耐心地等待。

比如，晚饭前，当所有人都在忙碌的时候，她会主动跑进厨房去拿碗筷；开饭时，还会提醒奶奶把最好吃的菜给没回来的人留出来。

再比如，弟弟一哭，她会赶紧跑过去看；有了新的玩具、新的书，也会第一时间抱到弟弟跟前……

虽然我们不能再像从前那样事无巨细地照顾她，但她也因此学会了等待、责任和分享。

不过，需要强调的是，我所说的对大宝关注的减少是指生活上的，在爱的方面，一定要比以前更多。

孩子其实很敏感，你爱不爱他，不用你说，他就能感受到。

前两天，我带着小笼包去烟台，在火车上，看到了一对年龄相差两三岁的小兄弟。弟弟老是打哥哥，哥哥也不还手，终于有一次忍不住吼了弟弟一声，弟弟哇地就哭了。然后，他们的妈妈立刻抱着弟弟各种哄，教育哥哥："你要让着点儿弟弟，你比弟弟大啊，你怎么能这样？"被妈妈抱着的弟弟，一副扬扬得意的样子，不时地冲哥哥吐舌头做鬼脸。小哥哥抿着嘴不说话，只是委屈地看着车窗外。

我当时看着就很心疼，我想，那一刻在哥哥心里，弟弟一定是全世界最可恨的那个人吧。

所以，二孩家庭，当大宝排斥二宝的时候，我们做家长的应该反思——这不是孩子的问题，而是父母的教养方式出了问题。

3/

我很喜欢正面管教中的一个观点，那就是所有的挑战都是机会。

当二胎降临，不可否认，原本的三口之家必然需要经历重新磨合，会遇到许多以前未曾出现的困难和麻烦，但这也许正是我们每一个人及整个家庭获得成长的好机会。

比如以前我也写过的，在我们家里，弟弟的出生把包子爸这个猪队友变成了神助攻。

以前，包子爸真的是猪队友！

小笼包小时候，有一天夜里拉屎屎了，我喊包子爸去接水给小笼包洗屁屁。结果，我喊了几十声都没反应，情急之下，我只好上脚，哐哐哐踹了十好几脚，人家这才迷迷糊糊睁开眼睛。

可是，我这边刚把宝宝放下，耳边竟响起了震天响的呼噜声……天哪！人家竟然又睡着了！

所以弟弟出生前，在养娃上，包子爸就一直处于打酱油的状态。

可弟弟出生后，我分身乏术，对小笼包再也不能像从前那样大包大揽搞定一切。很多事情，即使我心里有一百个不放心，也只好交给包子爸去做。没想到，我无奈的放手却歪打正着地激发了他作为一个父亲的无限潜能。

不过两年多的时间，现在，陪娃读书、画画、做手工，给姐弟俩拉架、洗澡、哄睡……他全部搞得定。甚至我忙的时候，他连小笼包幼儿园的小被子都能缝了。

所以，每当妈妈们问我"生二胎最应该考量什么"的时候，我个人的答案是：

首先，是你自己想生。你喜欢孩子，或者想给大宝做个伴都行，但一定是你自己发自内心的，而不是被逼或者跟风。

其次，你有个足够爱你、疼你的老公。

以前聊到这个话题的时候，朋友甜甜说的一番话让我觉得很有道理。

她说："都说生孩子头三年女人最辛苦，因为很多事情是别人无法取代的，只能自己来，比如生产的痛，哺乳的辛苦……但很多女人的委屈、抑郁、难过，并不是因为她们累，而是因为她们缺少爱和关怀。这个爱的来源，不是妈，不是婆婆，不是月嫂、保姆……只能是丈夫。一个真正疼爱妻子的丈夫一定不会置自己的妻子于绝望的境地中。"

我听了，深以为然。

对女人来说，丈夫的支持是最有力量的。只要能感受到丈夫深深地爱着她、体谅她，她就会无比知足，这会是她无比坚强的后盾。遗憾的是，很多男人不懂这一点。

所以，如果你的老公属于那种甩手掌柜，完全觉得生娃是你的事，跟他没关系，那么关于二胎，你一定要慎之又慎地考虑。因为一个不成器的老公，到时候真的会把你累死加气死。

再次，家里最好没有太沉重的经济负担。

不得不说，经济基础决定上层建筑。养娃的路上，钱是万万少不了的。所以，你要考虑二胎到来后，对你家的生活水平会有多大的影响，你能不能接受。

比如我，护肤品以前偶尔还买买欧美一线大牌，现在最常淘的就是韩国货了；以前逛街看到喜欢的衣服就买，现在嘛，就会习惯性深思熟虑一番。但这个落差是在我承受范围之内的，这就OK。

其实说白了就一点，不要让自己觉得憋屈。因为只有快乐的妈妈，才能养出健康快乐的孩子。

至于孩子的教育经费问题，其实就是多有多的办法，少有少的路子。我始终认为你想让孩子成为什么样的人，不是上几个培训班就能达到的，最关键的是言传身教，你希望孩子成为什么样的人，你自己要先成为那样的人。

而且，只要全家心在一起，一起往前冲，孩子，差不了！

最后，除非你决定做全职妈妈，否则一定要考虑好孩子的看护问题。

就目前的社会形势来看，找个靠谱的保姆、月嫂单独看孩子不是很容易，所以六个月产假结束，谁来帮你带孩子，是需要提前想清楚的问题。

如果决定要做全职妈妈，最好深思熟虑。我敬佩全职妈妈，但不得不说，全职有风险，如果真的全职在家，切记一定不要放弃学习和成长。

4/

写这篇文章的时候，包子奶奶给我打来视频通话——两个娃刚刚打完一架，要找我评评理。

我说："请二位分别陈述一下吧。"

姐姐向来能说会道，于是"因为""所以""第一，第二，第三"地讲了一大堆。

弟弟站在一旁，明显嘴拙一些，说不过姐姐，便手舞足蹈地表演了起来……演着演着，二人就笑了。

我就觉得，从小有个陪着你吵架、打架的人也挺好。你看，不仅可以练练逻辑思维能力、辩论能力，甚至还能锻炼身体、磨炼演技。毕竟将来人在江湖漂，不可能永远晴空万里，处理分歧矛盾的能力当然就显得特别重要。

还是那句话，所有的麻烦都是机遇！

至于家里资源有限的问题，我在知乎上看到过一句话，说得特别好："我们生下了孩子，目光要放远一些。这世界宽广，他们最终获得的是自己从社会上争取的资源，而不是父母手里的一亩三分地。"

这么说下来，二胎带来的挑战好像真不小。尤其对于老大来说，说不定一不小心爹妈就给添了一个需要一辈子去操心和惦记的"小麻烦"。

我隔壁办公室的香香，那天拎着一个特别漂亮的袋子让我看。里面有好几条漂亮的新裙子，还有小饰品。

她问我："好看吗姐？"

我说："好看啊。你咋一下子买这么多裙子？"

香香一瘪嘴："哈哈，这是给我妹买的。我妹要去海边玩，我就给她买了几条好看的裙子，让她穿着拍照。你不知道，她一点儿都不会买衣服，每次都得我来……"她说的时候一脸嫌弃，我却听到了满满的宠溺和甜蜜。

所以啊，你说生二胎到底好不好？

或许不同的人会有不同的答案！

真羡慕你有个姐姐，更羡慕你有个弟弟

1/

在无锡学习第一晚，包子爸给我发来两段视频。

视频里，姐弟俩刚洗完澡，穿着睡衣窝在床上，姐姐在给弟弟认真地讲故事，故事书是弟弟最爱的《噗！噗！噗！快递车》。

姐姐指着卡车上的小人儿，耐心地告诉弟弟："弟弟你看，这儿有一个小人儿拿着箱子，就代表是快递车。"

近两分钟的视频里，姐姐一直绘声绘色地讲着，弟弟呢，虽然像只小猴子似的，一会儿挠挠这儿，一会儿抓抓那儿，但不妨碍他认真仔细地听，尽管中间有几次都困得有点儿打哈欠了，但还是努力坚持着。

包子爸给我发微信说："你看老二，为了给姐姐捧场，困成狗了还在撑着，也是拼了。"

我看到视频的时候，已经是午夜12点。当时我正趴在床上，累到不能动弹。坐了好几个小时的车，再加上一下午的学习，真的是精疲力竭。可看完这段视频后，一股说不出的柔软从心底奔涌出来，让我瞬间满血复活，充满了力气。

说真的，我是真羡慕啊！

羡慕二宝有个姐姐，更羡慕大宝有个弟弟。

2

我想起不久前发生的一件小事。

那天弟弟打完预防针后，小胳膊突然红红的，肿了起来。

连续两天晚上，我都用毛巾给弟弟热敷。可两天过去了，只消下去一点点，我看着不免有些担心。

这时，小笼包跑过来，轻轻抚摸着弟弟的胳膊，脸上写满了心疼与担忧："圆圆，你要快点儿好起来啊。只要你好起来，姐姐把新橡皮泥都送给你。"

我一下子被小姐姐感动了。因为就在打预防针的当天，姐弟俩还因为争抢橡皮泥打得哭红了眼睛。

我轻轻把小笼包和小汤圆的手放在一起。牵着他俩小手的那一瞬间，我只觉得有暖流从心底淌过：亲爱的孩子们，你们可知道，妈妈此生最幸福的事情之一，就是看着你们打闹，看着你们哭笑，看着你们的眼睛里，充满对彼此的爱意。

3

时光飞快，一眨眼，姐姐已经五岁半，弟弟也已经两岁四个月。

我还清楚记得，我告诉小笼包，妈妈肚子里有一个小宝宝，叫小汤圆，是你的弟弟或者妹妹。等小汤圆出生了，小笼包就是爸爸妈妈的大宝贝，小汤圆是爸爸妈妈的小宝贝。Ta会陪你一起玩玩具，一起叠纸飞机，一起画画，一起洗澡，一起睡觉，一起慢慢长大，长到像爸爸妈妈这么高。

当时，两岁三个月的小笼包，还有点儿听不懂我的话。

但是在我每天的重复下，小笼包开始把我的大肚子当成自己的宝贝，每天都要摸一摸、亲一亲。

她总是会问很多的问题：

"妈妈，小汤圆什么时候能出来和我玩啊？

"妈妈，Ta在里面吃什么啊？

"妈妈，Ta在里面拉臭臭吗？

"妈妈，我最喜欢的是蓝色，小汤圆呢？"

……

后来，弟弟出生了。

小笼包显然是把弟弟当成了自己的大"玩具"。她无比热衷于和妈妈一起给弟弟换尿不湿，洗澡，换衣服，尽管有时候经常帮倒忙，她却乐此不疲。

有一次弟弟哭，我没能第一时间赶过来，小笼包竟学着我的样子给弟弟喂起奶来。

还有一次，弟弟两个半月的时候，想翻身翻不过去，小笼包满腔热血想帮忙啊，使出了吃奶的力气。幸好最后平安翻过去了，不过，在一旁使劲儿忍着没插手的妈妈惊出了一身汗。

人家都说，生不亲，养才亲。兴许是这个原因，密切参与弟弟成长的姐姐，看弟弟的眼神经常充满了喜悦和成就感。

再后来，每当我抱着弟弟亲切地唤他"儿子"的时候，小笼包总会冲上来，大声喊"这是我儿纸"……让全家人笑得上气不接下气。

4

不过，当姐姐的日子也不仅是甜蜜。

弟弟慢慢长大了，在做"跟屁虫"的同时，也越来越有战斗力，于是家里便经常因为姐弟俩抢玩具、抢好吃的变得战火纷飞。

比如，那天，两人本来在一起快乐地搭乐高，突然因为抢一块积木打了起来。弟弟手快，早已把那块红色的积木抓在手里，姐姐看见了，不服气地一把抢过来，然后赶紧安在了自己的作品上。弟弟看着空空的手，十分生气，抓起姐姐的手就使劲儿挠，这下姐姐也怒了，朝弟弟背后就猛拍了过去——

两败俱伤，于是，二人同时哇哇大哭起来。

我在一旁看着，既好笑又好气，正准备说些什么，还没来得及说，却见姐弟俩又抱在了一起。

有时候我想，二胎家庭，虽然看起来经常硝烟弥漫，但其实很多争执不过是两个小朋友尝试解决问题的方式。只要大人不过分介入，留给他们独立处理的时间和空间，他们不仅不记仇，反而有一套自己的解决方法。

比如，弟弟知道姐姐一般不会动手，所以经常肆无忌惮地和姐姐抢东西。但只要有哪次姐姐是瞪圆了眼睛，嗓音提高了八度，那还是早跑为妙。而姐姐也知道和弟弟沟通要迂回曲折，不能硬碰硬，换个角度才能更好地解决问题。比如，想要弟弟手中的玩具时，只要拿那辆红色的大卡车换就准没问题。

亲情和爱，就是在这样的过程中日渐生长着。

作为妈妈，我时常觉得纠结矛盾——我既盼着时间快点儿走，有朝一日，细心温柔的姐姐可以照顾调皮的弟弟；健壮的弟弟可以保护美丽的小姐姐；姐姐和弟弟可以彼此扶持，相互照料，哪怕我已经离开这个世界……可是，我又怕时间的脚步太快，我怕再也抱不动这两个软软糯糯的小娃娃，再也听不到他们天真无邪的话语。

有一天早晨，我因为刘海儿长了，所以洗脸的时候，别了一个小卡子。

弟弟看到了，眼里闪着光，说："妈妈你真好看，你是公主。"

一旁的姐姐听了，反驳道："不对，妈妈是王后，不是公主，我才是公主。"

弟弟一听急了，音量立马提高了八度："妈妈就是公主！"

姐姐也开始扯着嗓门儿："我才是公主……"

眼看战火升级，我赶紧跑来灭火。

我轻轻把两颗小脑袋碰到一起："妈妈是公主，姐姐也是公主。妈妈是弟弟心中的公主，姐姐是妈妈心中的公主。"姐弟俩终于破涕为笑，我也笑了。

小孩子的世界真是奇妙，因为一句话就能吵起来，一句话又能瞬间云淡风轻。

不管怎样，还是谢谢你们啊，我的孩子。

因为你们，我能做公主，所以觉得甚是幸福。

但是，公主还是会羡慕你们啊——

羡慕你有个姐姐，

更羡慕你有个弟弟！

亲爱的小孩，我想和你一起虚度时光

1

前天去小笼包的幼儿园参加六一游园活动时，看到一个场景，对我触动挺大的。

那是在扎染手绢的活动区，老师给每个孩子一块白手绢，孩子们呢，首先需要从手绢中心开始，用一个一个的小皮筋把手绢绑成一个长条，然后再用水粉给手绢上色。

小笼包平时都是我给扎的辫子，所以皮筋用得不是很熟练，每一根都要绕好几下才能成功，急得鼻子眼睛眉毛都挤到了一起，就像一颗皱巴巴的小核桃。

我一边偷笑，一边饶有兴致地看着。

说实话，我很欣慰。因为我发现，她在绑不好、遇到困难的时候，一直在努力地想办法，这样不行，就试试那样，错了，再重来。

正当我看得出神的时候，对面突然传来很大的说话声。

我抬起头，小笼包对面，新来了一个小男孩。

满桌的水粉，显然是点燃了他的小宇宙，小家伙兴奋地捏捏那个、摸摸这个。不过很快，他便被身旁的妈妈按在了椅子上。

老师过来，给了他一块白手绢，给他讲了具体的做法。

小男孩拉过桌子上那个装满五颜六色皮筋的小筐子，开始跃跃欲试，不过，好像进行得不太顺利。因为过了好几分钟，小男孩还一根皮筋也没有绑好。他脸憋得通红，不过，丝毫没有放弃的意思。

我坐在对面，一直关注着他。

说实话，这个绑皮筋的工作，对于女孩子还好一些，因为或多或少地都给自己或者洋娃娃扎过辫子，有生活经验可以借鉴。可对于大部分的小男生来说，属于完全陌生的，绑不好，也正常。让人很感动的是，这个小男孩在尝试了那么多次都失败了的情况下，还没有放弃，一直在想办法。我不由得在心里暗暗为他点赞和加油。

可就在这时，他手中的手绢被一旁的妈妈夺了过去。妈妈三下五除二地绑好了皮筋，递到他手里："哎呀，照你这速度，活动结束了，你也弄不完。"

小男孩的脸上明显出现了一丝沮丧的神情。他拿起小手绢仔细端详着，好像在研究妈妈到底是怎么绑的。

可就在这时，妈妈又出手了。妈妈用手指戳了戳小男孩的脑袋："快染啊，你这个孩子，别磨磨蹭蹭的！赶紧染颜色，你要染啥颜色？先染个绿色吧，绿色好看。"

"不，我要染黑色！"小男孩噘起嘴，伸手去拿黑色的颜料。

"不行！"

对小男孩的提议，妈妈当即拒绝，一把夺过黑色的颜料，往远处放了放："你见过谁家的手绢是黑色的？黑色不好看，选其他颜色。"

话音刚落，一旁的小笼包，突然用手碰了碰我。

我扭头一看，原来，小笼包手里拿着的，正是黑色的水粉。

于是，我趴在她耳朵上，压低声音说："黑色也好看，可以染黑色的，只要你喜欢。"

听完我的话，小笼包抿着小嘴笑了一下，然后，举起了水粉，继续染色。

几分钟后，小笼包全部染完了。她拆开了皮筋，染色的手绢出现在眼前。

说实话，以成人的眼光来看，那块手绢确实不是特别好看。但小笼包欢喜得很，看着自己的作品，满意得不得了。看着她傲娇的样子，我有点儿忍不住想笑。也许，这便是所谓的萝卜白菜，各有所爱吧。

2

那天，我们离开的时候，小男孩还在妈妈的指挥下染着各种妈妈喜欢的颜色。

妈妈在一旁指挥着，小男孩手忙脚乱地操作着。看着这情景，我突然有点儿难过，有点儿心疼这个小男孩。

如果不是妈妈强行插手，小男孩一定很想按照自己的意愿完成这个作品吧。也许会浪费很多时间，可今天，幼儿园设置的这所有的游戏区域，不就是为了让孩子玩个开心吗？多逛几个区不代表就更快乐，少逛几个区也不代表就没收获。

我突然意识到，也许很多时候，我们都像这个妈妈一样，总是武断地否定孩子的想法，剥夺孩子自主的权利，把自己的观点强加给孩子。我们以为为孩子选择的一切都是对孩子最好的，殊不知，这种做法已经严重地干扰了孩子独立探索精神的养成。

就像刚才小男孩手中的那块白手绢，也许经过妈妈的"帮助"，最后扎染出来的作品确实会比小男孩自己完成的要好看得多，可那又有什么意义呢？

我们错过的是，当孩子自己完成一件作品时，那发自内心的满足的笑脸。

3

昨晚，我骑着电动车载小笼包回家。

晚上8点的街道，我在认真驾驶，而小笼包在数天上的星星。

"妈妈你看，星星藏到那座大楼后面去了。

"妈妈，那颗星星最亮，一直闪啊闪的。

"妈妈，星星白天的时候去哪儿了呢？"

……

她就像一个兴奋的小喇叭，"喋喋不休"地向我广播着她的重大发现。

我们在路口停下来等绿灯的时候，小妞突然安静了下来。

我问："想什么呢？怎么不说话了？"

小笼包回答："妈妈，我在想，小黄说得很对，我们真的是要慢慢走，才能看到美丽的风景。"

我一下子有点儿蒙："小黄是谁？"

"就是《小红和小黄》里的小黄啊！你不是给我讲过那个故事吗？小黄和小红帮狸猫叔叔送货的时候，他们走在一条小路上，小黄就对小红说：'这条小路弯弯曲曲的，我们虽然开不快，但可以好好欣赏漂亮的风景呢。'"

一时间，我竟被小笼包这段话感动得湿了眼睛。

太多父母都急着想要在孩子身上看到成果，却忽略了孩子成长的过程，其实才是生命本身的意义啊！

过程是什么？

过程就是从头到尾所经过、所看到的事物，还有心情。

当我们老了，回忆和孩子相依相伴的这段日子，最珍贵难忘的，一定不是孩子画的画得过什么奖，考了几个第一名……一定是我们陪着孩子画画，读书，看星星，一起体验每一个当下的美好时光。

是啊，慢慢走，才会看到蔚蓝的天空深处，星星就像海底的小石头。

在那个满是星光的夜色中，我突然萌生了一个强烈的愿望——

亲爱的小孩，我想陪你虚度时光。

比如低头看鱼，

比如散步，

比如靠在栏杆上，低头看水的镜子。

然后，

一直消磨到星光满天，

直到所有被虚度的事物，

在我们身后，长出薄薄的翅膀。

到底怎么做，才能把你"赶"下我的床

1/

弟弟出生以来，我们都是一家四口睡一张床。

床加上一旁的榻榻米大概有两米二，所以弟弟小的时候，睡着还算宽敞。

可是，随着弟弟越长越大（两周岁去体检的时候，就已经九十四厘米了），带来的直接后果就是，睡觉的时候，感觉越来越拥挤。

冬天还好，挤挤更暖和，可眼看这天儿热起来了，我觉得必须得把其中一个人"赶"下这张床。

可是究竟赶谁呢？

首先肯定不能是我。作为这个家的核心力量，我在这张床上有着不可替代的地位和作用。

比如，对弟弟来说，我可是源源不断、永不枯竭的产奶机；对姐姐来说，我是不断电、不卡壳、中英文双语随机切换的故事机；对爸爸来说嘛，那就更不用说了，不说你也懂的。所以，走的肯定不能是我。

那赶走爸爸？

虽然对姐弟俩来说好像影响不是很大，但是对妈妈来说，是万万不能同意啊！

为啥？老话都说了，夫妻床头吵架床尾和。这要是不在一张床上睡了，万一哪天两个人闹个别扭吵个架什么的，上哪儿去找这么顺溜的梯子？

而且，想当初，两个人为了能在一张床上睡，那可是做了多少铺垫啊！别的不说，光是那场宣告天下"我们以后一起睡是合法的了"的婚礼，就耗费了多少人力物力。所以，如果这会儿把爸爸赶走，简直就是舍本逐末！不仅妈妈不同意，就连那些白花花的银子和流逝的时光也会不同意。

看来大的是赶不走了，只能从小的"开刀"。

先从弟弟开始吧！

赶走弟弟？

可是姐姐跟着爸爸妈妈都睡到五岁半了，人家弟弟现在才两岁就不让睡，好像有点儿不公平。而且弟弟还没有断奶，虽然晚上不吃夜奶了，但晚上睡前和早晨睡醒的第一件事，那可都是吃neinei。这么看的话，弟弟也不是最佳人选。

所以一番考察下来，就只剩下小笼包了。

想想看，小笼包已经五岁半了，确实也到了该分床的年龄，我决定和她谈谈。

2/

就在我还没想好怎么开口的时候，发生了一件事。

那天吃完晚饭，小笼包和弟弟在抢一本英文点读词典。

只见两个人都死死抓住不放，抢急了，姐姐大吼："这是我的，上了幼儿园的人才能看懂，你去看你的《彩虹兔》！"

嘿！这话还真管用，弟弟听了，瞬间松开了手。

我决定借招拆招。晚上讲完故事，准备睡觉的时候，我搂着小笼包，说："上了幼儿园的小朋友真是不一样啊！你看，你能看懂那么难的字典，刷牙洗脸也都能自己完成了。"

小笼包瞬间自豪地扬起小脑袋："对呀，我都快五岁半啦！"

我点点头："哇，妈妈都没注意到，小笼包都要五岁半了啊，难怪最近睡觉感觉很挤，原来，小笼包长这么大了啊！"

小笼包估计还没摸清我葫芦里的药，于是满脸的神气："哎呀，肯定挤得慌啊，我都长这么高了！"

我表现出很惊讶的样子："啊？原来你也觉得挤啊？"

小笼包点点头："对呀，能不挤吗？睡这么多人！"

听到这儿，我心里忍不住偷着乐，哈哈，这丫头明显是上套了嘛！

我把她又搂紧一点儿："要不这样吧，为了防止小笼包被挤坏了，咱们等周末的时候，一起把小屋收拾出来吧。我们把它布置一下，换上你最喜欢的粉色的床单、被罩，你有什么好的装饰想法，都可以尝试一下。等布置好了，就把它送给你啦！我们在门上写上'小笼包的卧室'。以后晚上睡觉的时候，就只能小笼包睡，弟弟想睡都不行，因为弟弟太小了，只有大孩子才能有自己的卧室呢。"

说到这里，我趴在她耳朵上，悄悄地说："告诉你一个秘密啊，拥有自己的卧室，可是大人的专属特权！"

"不行！"没想到我话音还没落，就受到了小笼包嘎嘣脆的拒绝。

我心里一沉，妈呀，我辛辛苦苦铺垫了这么久，这就被识破了？

我正有点儿郁闷，没想到小笼包又继续说："我才不要'小笼包的卧室'！我要'小笼包的城堡'！妈妈，你要帮我写上'城堡'，因为'城堡'才漂亮！还有，得把墙上贴上彩虹，我最喜欢彩虹啦！"

看着小妞抱起两只小胳膊，嘟起小嘴一脸认真的样子，我忍不住乐了，伸出手指，和她拉钩："没问题！"

嘿嘿，姜，还是老的辣！

3

说干就干。

第二天下班后，我就和小笼包一起在网上选了她最喜欢的床单、被套。

当周末到来的时候，我们便开始一起布置"小笼包的城堡"。

小笼包挑选了她最喜欢的玩偶放在了床头，我们还一起画了两幅大大的彩虹。

忙活了一上午，终于布置完啦！

只听小笼包一本正经地和弟弟说："小汤圆，你现在还可以进来玩，等晚上，你就不能进来了啊，这是我的城堡。等你长大了，也让妈妈给你准备一个！"

看着姐弟俩坐在小屋床上热闹地聊着天，我知道，尽管目前看起来一切顺利，但真正的考验，是在晚上。

夜幕终于降临了。

我原以为小笼包第一次自己睡，肯定得哼哼扭捏一番。没想到，惯例的刷牙洗脸结束后，小妞竟主动拉着我去她的"城堡"。

她抱着厚厚的一摞书，兴奋地说今晚要邀请妈妈去她的城堡开故事party，成员就是她及她床上的那些玩偶。

我瞅了一眼她怀里的书，差点儿没哭出来：天哪！好几本艾洛伊丝！艾洛伊丝有多长你们知道吗？

可是，为了顺利实现分床大计，我只能硬着头皮，讲啊讲啊——终于，在我讲得头晕眼花、口干舌燥、眼冒金星的时候，小笼包睡着了。

说来也很奇怪，当我期盼的一幕终于出现后，当我轻轻给她掖了掖被角，摸了摸她的小脑袋，心里却是五味杂陈：有点儿大功告成的喜悦，又有着点儿不可思议的小惊讶，但更多的，还是"她竟然真的要自己睡了"的小失落……

那一夜，小笼包整夜酣睡。

第二天一早，我很早就来到她床边。

当她睁开眼睛看到我，顿时咧开小嘴："妈妈，昨晚，我自己睡的。"

我亲亲她的小脸："对呀，我们小笼包真的长大了！"

写到这里，你是不是以为我是在分享一个"如何顺利和孩子分房睡"的成功经验？

如果你这样想，恐怕要让你失望了。

虽然小笼包第二晚、第三晚，甚至第四晚都是自己在小屋睡的，但是，就在我觉得我们分房成功了的时候，她竟然毫无预兆地又"杀"了回来。

小妞终于在第五个独睡的晚上（在凌晨两点），毫无预兆地跑回了我们的床上，理由是，小屋里没有妈妈的香味。

然后，任我好说歹说，这只倔强的小笼包再也不肯回她的"城堡"了。

我说："哎呀，你的城堡那么好，没人睡，城堡该伤心了。"

小笼包答："妈妈你不是说好东西要分享吗？那就让弟弟去吧。"

一句话，说得我顿时哑口无言。

小妞就这样，又"滚"回了我们的床上。

4

我也是个执着的人。

所以前两天，在网上淘绘本时，突然看到了一本《第一次自己睡觉》，于是果断地买了回来。

收到后，看了看，故事讲的是：小女孩樱子上幼儿园大班了，有一天突然对妈妈说，想要练习一个人睡觉。妈妈下意识地问："啊？你行吗……"樱子拍着胸脯说："当然，有好朋友陪着我的。"

原来，她的好朋友就是她心爱的小布偶们。她制定了一个陪伴她睡觉的小布偶值班表：第一天是狐狸，接下来是小猫、小熊、小兔子和小企鹅……这是一个关于孩子努力学习成长，勇敢尝试自己一个人睡觉的温馨故事。

我读完觉得太棒了。尤其是这小布偶值班表，可以给小妞尝试一下。

于是晚上小笼包一回家，我就捧着绘本开始给她读，想给她洗洗脑。

读完后，我说："哎，你看樱子这个办法多棒！咱们也做个值班表怎么样？你选一些你喜欢的玩偶？"

小妞瞪圆了眼睛："妈妈，你难道没看第一页吗？"

我说："什么？"

"人家樱子都上大班了，说明这办法上大班才能用呢！我现在是中（一）班！是中班你忘了吗？所以我还要和妈妈睡。"

好吧，我再一次哑口无言。

然后，心里默默地想：好好好，睡吧睡吧！反正这个秋天你就该上大班了！

还有四个月而已嘛！

哼！我等着！

弟弟，你怎么那么会哄女人开心

1/

昨晚，我坐在书桌前码字，突然，耳边"哐啷"一声。低头，只见小汤圆揉着脑袋从书桌下钻出来，举着一颗红彤彤、胖乎乎的圣女果给我看："妈妈，屁股，屁股。"

我点头："对，像屁股，这是给你吃的还是给我吃的？"

小汤圆立刻毫不犹豫放到我的手心："妈妈七（吃）的！"然后又指着圣女果中间的那道沟嘱咐，"别七（吃）到屁屁啊！"

说完后，又把那颗光溜溜的、皎洁性感的小光头，紧紧贴在我的脸上，大声对我说："喜欢……妈……妈……"

小汤圆哄女人开心秘笈一：
既要嘴上甜言蜜语，也要行动雷厉风行，男人也可以暖暖的，很贴心。

2/

那天，几个同事来家里吃饭。

看到有美女阿姨来了，小家伙顿时就精神抖擞了，不仅"阿姨""阿姨"甜甜地叫着，饭桌上，还踩着高脚椅，举着小绿碗，一个劲儿地和阿姨们推杯换盏，一副情到浓处，不醉不休的架势……

后来，酒足饭饱，阿姨们起身准备回家了，小汤圆却拉着人家的手，流着眼泪舍不得松开。

就在大家在门口换鞋的时候，小家伙突然转身嗒嗒嗒跑进卧室，一会儿又嗒嗒嗒跑出来，手上拎着我的包，然后，径直送给了阿姨。

一屋子大人瞬间被逗乐了，本来要走的阿姨，也忍不住留下来陪小家伙多玩了一会儿。

小汤圆哄女人开心秘笈二：

如果你想留住一个女人的心，那就送个包给她；如果不行，那就两个……

3/

那天，小汤圆抢了姐姐的玩具，姐姐生气了，不理他。

小家伙蹲在一旁，琢磨了好一会儿，又死皮赖脸跑到姐姐跟前去。

姐姐干吗他干吗，还学姐姐说话。

姐姐："哼！"

小汤圆："哼！"

姐姐："讨厌鬼！"

小汤圆："讨厌鬼！"

看姐姐笑了，他也嘿嘿地笑，然后趁机坐在了姐姐腿上。

姐姐瞬间多云转晴，露出了灿烂的笑。

小汤圆哄女人开心秘笈三：

有时候女人说你讨厌，并不是真的讨厌你；让你走开，也并不是真的想你离开。其实，女人的心思不难猜，只要你脸皮厚一点儿。

4/

记得从小汤圆五六个月大的时候开始，姐姐每次臭美完，都会问他："圆圆，你说姐姐美不美？"

那时小汤圆还不会说话，只是茫然地看着姐姐。

姐姐补充："美你就点点头啊！"

于是，小汤圆就使劲儿地点头。

今年过年，大年初一，起床后，姐姐穿了新裙子，刚说："圆圆，你看……"

姐姐还没说完，小汤圆便心领神会，立刻接话："姐姐……美……美……美……美……啊……"

他扯着嗓子，拉着长调，摇头晃脑，有种说不出的喜感。

姐姐抱住他使劲儿亲了一大口，然后心满意足地下床去客厅了。

这时，小汤圆才摸摸自己新衣服上的红领结，自言自语着："圆圆……帅！"

小汤圆哄女人开心秘笈四：
只要你开心，"你最美"这句话，我说一万遍也不厌倦。

5/

也许是知道奶奶带他的辛苦，平时在家，小汤圆尤其喜欢帮奶奶做家务。

他觉得用自己的"工具"和奶奶一起干活儿，是件无上快乐和光荣的事情。

奶奶做饭的时候，他就帮奶奶择菜，剥蒜瓣；

看到奶奶扫地的时候，就去卫生间里拿簸箕；

奶奶晾衣服的时候，就去帮奶奶拿衣架；

奶奶坐在沙发上看电视，他就用小拳头帮奶奶捶捶背……

当然，处在terrible two的小汤圆也有让人崩溃的时候，调皮捣蛋起来，满地打滚儿，奶奶怎么拽都拽不起来。

但只要奶奶说生气了，不看他了，要回老家去找爷爷了，小汤圆就立刻从地上爬起来。

那天晚上哄他睡觉，我给他唱《世上只有妈妈好》，他突然打断我，认真地说："奶奶好。"

我知道他想说的是，不是只有妈妈好，还有奶奶，也好！

第二天，我把这段视频拿给包子奶奶看。包子奶奶看了，咧着嘴笑着笑着，眼睛就湿了。

是啊，再辛苦、再疲惫都不怕，因为有你懂我的心。

小汤圆哄女人开心秘笈五：

什么是真爷们儿？

真爷们儿就是虽然我很小，但我记得你对我的每一点好。

6

虽然是一个纯爷们儿，但小汤圆同学最爱的既不是汽车，也不是枪，而是锅。

是的，锅！

这个春节假期，回老家第一天，我带他和姐姐去逛家居店。

姐姐选的都是什么玩偶啊，花瓶啊，彩虹的餐垫啊；

轮到弟弟了，选的全是锅——

平底锅、小奶锅、炒锅、砂锅……看见锅就两眼放光，完全拔不动脚的节奏。

除了爱锅，弟弟还狂热地迷恋做饭，最擅长颠勺。

每天我回家，弟弟总是已经把"饭"做好了，各种大餐：什么麦片炖鱼啊，爆炒甜甜圈啊，清蒸棉花团啊……各种奇特搭配，只有你想不到，没有他做不到的。

包子爸曾经说过，他家祖上有御厨，看到小汤圆，这下我真信了。

小汤圆哄女人开心秘笈六：

做饭并不是件简单的事，但是因为爱你，我愿意乐此不疲。

7

作为亲妈，有时候我看着小汤圆在屋里跑来跑去，会看得愣了神。

他走起路来，挺着小肚子，两只小胳膊有力地一甩一甩；小跑的时候，一只脚迈在前边，一只脚在后边，身体有节奏地一前一后摇晃着，就像骑着一匹小马，嘚嘚嘚，一阵风似的扑进你怀里。

这是我儿子。

这个情人节出生的小男生，活泼、爱笑，是个从内到外都充满阳光的小暖男。作为家里的老二，他已经知道借助一些语言或亲密的动作，来表达对家人的爱。

他用自己的智商和情商，狂刷存在感，让你对他不得不爱。

每当看到他把家里的三个女人哄得服服帖帖，我就在心里祈祷着：儿子啊，希望你将来继续保持双商在线，有身段有谋略，把自己媳妇也哄好了。

因为，有句名言不是说嘛，能把老婆哄得舒服、哄得开心，绝对是一个男人在婚姻中是否具有核心竞争力和能否获取幸福感的先决条件。

第三章

在成为好妈妈的路上，
孩子是我的老师

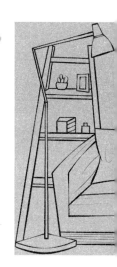

学了那么多育儿知识，还不是养了一个熊孩子

1

上周五，朋友来找我谈点儿事情。

那天小笼包感冒了，没去幼儿园，于是我带着小笼包一起赴约。

我们约在一家书坊见面。为了接下来能顺利谈事，我还特意提前到了一小会儿，先带着小笼包选了一些她喜欢的绘本，又给她点了一杯橙汁，然后，把她安顿在一旁看书。

朋友很快到了，看到我带着孩子，顿时心领神会，简单寒暄几句后，便很快切入主题。

刚开始的时候，小笼包同学还能安安静静待在一旁看书。十几分钟后，便开始坐不住了，开启"事儿妈"模式——一会儿说要上厕所，一会儿要喝水，一会儿说要吃蛋糕，一会儿说绘本都看完了，要去换书……

谈话被一次次打断，我不停地和朋友说抱歉，然后耐着性子去解决小笼包的各种问题。

最后一次，小笼包同学抱了两本新书过来，要我立即买给她看。我瞅了一眼，是两本精装，翻翻书，每本售价二百六十八元，不打折。

买书我一般是不眨眼的，可是习惯了两折三折在电商那里薅羊毛，这两本原价加起来五百多块的书，还是让我忍不住咂舌。于是，我对小笼包说："妈妈已经记下了书名，回家买给你好吗？"

无奈射手女就是执着，不达目的誓不罢休。小妞从一开始黏在我身上哼哼唧唧，到最后直接变成扯着嗓子哭喊。

我不停地安抚她："这本书真的挺好的，妈妈等下和叔叔阿姨谈完事情就从网上给你买，好吗？"

"我不管，我就要！我现在就要！"

我有点生气了："小笼包，没有人可以想要什么就立刻能得到的。这本书妈妈会买给你，但不是现在，你需要耐心等两天。"

但小笼包显然已经油盐不进，一味地扯着我的胳膊撕心裂肺地哭喊……我承认我已经火冒三丈了，但碍于有朋友在，只能使劲儿憋着，就在快憋出内伤的时候，我想起了一句咒语：冲动是魔鬼，我生的我生的，要冷静要冷静……

就在我默念了几十次后，脑子里突然闪现出之前在一本书上看过的一句话：孩子最不听话的时候，其实是最需要帮助的时候。

神奇的是，就是这句无比老套的鸡汤话，让我刚才还焦躁不安的情绪瞬间得到了缓解。我如梦初醒般认识到，我面前站着的，只不过是个五岁的、还生着病的孩子。

我把哭泣的小笼包搂过来，抱紧在怀里，只是抱着，什么话都没有说。说实在的，我不说话，只是因为那个时候，我不知道我应该说什么，我还可以说什么。我浑身上下都包裹着深深的无力感。令我意外的是，怀里的小笼包，竟在我沉默的拥抱中渐渐平静下来，在抹了我一身鼻涕眼泪之后，突然指着我面前的杯子说她要喝水。我给她端过水杯，小妞抱着一饮而尽，然后，就跟没事似的蹦跳着到一旁看书去了。

只留下一桌子的大人面面相觑、目瞪口呆。

<h2 style="text-align:center">2</h2>

这节奏实在有点儿快，别说别人，我跟着都快晕了。

朋友惊讶地说："一直以为小笼包特别乖呢，没想到也有这么闹腾的时候。"

我不好意思地笑笑："是的，很多时候，她都是一个不折不扣的熊孩子。"

朋友不解："哎，你说你看了那么多育儿书，对孩子还不是一样束手无策，学习有啥用！"

朋友的话，让我瞬间陷入了思考。

是啊，我看了无数的育儿书，学了那么多育儿知识，什么正面管教，什么温柔而坚定，什么爱和自由……理论一大堆，也一直无比坚定地实践着，结果现在我的孩子看起来既没有更聪明，也没有什么时候都乖巧伶俐、不哭不闹，甚至很多时候，撒泼打滚发脾气，她要赖的招数比别的小朋友还要更胜一筹。

而我，在育儿的实战中，也没能运筹帷幄，掌控全局。相反，更多的时候，面对哭闹的孩子，我都会像刚才那样，焦头烂额、束手无策，有时还会火冒三丈、大吼大叫。学了半天，啥都没学成，甚至都没能炼成个佛系。

那这学习的意义，究竟在哪里？

3

关于学习的意义，我想起之前看过的一则寓言：

一位农夫得到一块玉，想把它雕成一件精美的作品，可他手中的工具是锄头。很快，这块玉变成了几个更小的玉，而它们的形状始终像石头，并且越来越失去价值。

细想来，每个孩子都是一块独一无二的璞玉。只是许多年过去，有的父母得到了令人满意的作品，有的父母却瞅着玉石变得越来越失望。后者使用的，往往是锄头。更可悲的是，用锄头的人往往不自知。

尹建莉老师也曾经讲过一个故事：

一位博士，个人非常优秀，中年得子，珍爱如宝，特别注重孩子的品格培养。他的孩子刚刚两岁，经常自顾自地玩耍，大人和他说话充耳不闻。而他认为礼貌要从小培养，看到孩子这样，很着急，就会走过去拿开孩子手里的东西，严肃地告诉他："大人和你说话你必须回答。"但孩子总是当下哭闹一番，事后继续"故技重演"。于是，爸爸就次次把儿子从玩耍中拉出来，对儿子进行批评教育。他坚定地说："我必须把孩子的坏毛病纠正过来。"

可这位博士爸爸不知道，两岁的孩子还没建立起人际交往的互动概念。对这么小的孩子谈礼貌，简直就是对牛弹琴，他不仅听不懂，还会被吓着。最重要的是，两岁的宝宝正处于开始认识世界的关键期，对一切都充满好奇，一张小纸片，半截烟头，都可能让他沉迷。这看似无聊的玩耍，其实是孩子的探索和学习。爸爸这样频繁、无端地打扰孩子，只会破坏孩子的专注力。

西方有句谚语："地狱之路有时是好的意图铺起来的。"

所以，很多时候，不是爸爸妈妈们爱心不够，只是我们中的很多人，都和上面这位博士爸爸一样，不知道我们手中此时举起的正是锄头，而这也许是我们要学习的最大意义。

4/

曾担任中央电视台少儿频道《成长栏目》特邀专家的兰海一直都说："教育是一门科学，不能仅凭经验。"

通过学习，那些讲述成长规律的育儿知识就像一张地图，它会告诉我们要去的那个"国家"总的来说是个什么样子。

比如，你会知道，孩子们出牙的年龄大致在四至六个月，会在一岁左右走路，每个年龄段都会出现不同的敏感期。你也会明白，孩子在某一阶段出现的一些糟糕行为，不仅是短暂的阶段行为，也是合理的正常行为——

七八个月的宝宝撕书是因为他们是靠肢体来表达，这原本就是他们打开书籍的第一方式；

两三岁的孩子，明明大小便都可以自理了，却又开始频繁尿裤子，是因为肛欲期到了；

四五岁的孩子满嘴屎尿屁，你越阻止他越开心，是因为他处于语言诅咒敏感期，正在感受语言的强大魔力。

……

通过学习，我们会获得一份很实用的导向。通过这份导向，我们将不再是在黑暗中摸索。我们能了解孩子在当下的生命发展过程中会出现怎样的行为，我们该提前做好哪些相应的心理和物质准备，并在孩子的实际成长中给予他们怎样的帮助。

5

不得不说，现在信息发达，学习渠道和方式多元，我们这一辈，学到了很多我们父母辈一辈子都学不到的新理论、新事物。

只要我们愿意学习，总会在某本书或某个地方，找到一些非常实用的点子或者启示。

就比如文章开头，我面对小笼包的哭闹一度接近崩溃，但那一句"孩子最不听话的时候，也是最需要帮助的时候"瞬间点醒了我，让我跳出了自己的情绪泥坑。当我真正心态平和地去拥抱孩子时，惊喜地发现，一切都好起来了。

所以，尽管我一直在学习，尽管小笼包依旧是一个普通得不能再普通的熊孩子，尽管有那么多让我应接不暇的崩溃瞬间，但我还会努力坚持、持续学习下去。

因为我始终觉得，我们要把期待放回自己身上，知道"我要成为一个什么样的妈妈"远比"我要打造一个什么样的孩子"重要。当我们做好了自己，就会发现，孩子一直在我们身后默默跟随着。

有时候，妈妈的审美真的不重要

$$1$$

周末，带小笼包去学跳舞。

结束后，小妞说肚子饿了，我和包子爸就带着她去隔壁购物广场里找东西吃。

商场的一楼，每到周末都会有手工创意集市，摆满了或精致或文艺的手工作品。小笼包显然眼睛不够用了，抻长了脖子，这儿瞅瞅那儿看看，最后，停在一个手工饰品的摊位前，便再也拔不动脚了。

小饰品在灯光下blingbling地闪着光，小笼包那双小眼睛就这么直勾勾地盯着，让人几乎能看到她眼里冒的小心心。

我忍不住笑了，爱美可真是女孩子的天性啊！我对她说："如果你喜欢，可以选一个。"

小妞听到这句话，嘴角立刻咧到了耳朵根。然后，她蹲在饰品摊儿前，摸摸这个，戳戳那个，挑来挑去定不下来。

看着她犹豫不决的样子，我突然想起读大学那会儿，参加辩论赛讨论过的一个辩题：选择越多越不幸福。

记得当时，我方一个主要观点就是：人类永远无法保证可以正确处理选择的无限性和精力的有限性之间的矛盾，选择越多意味着放弃得越多，痛苦源于放弃。

好吧，看来不管是孩子，还是大人，都是一样的。

十几分钟过去了，小妞终于将目标锁定在了一对草莓耳环和一对小王冠耳环身上。

我是倾向于选择那对小草莓的，首先做工明显精致一些，再一个美得比较含蓄。而小王冠那一对，虽然亮闪闪的，但一看钻就属于比较便宜劣质的那种，说不出的乡村风。

我刚想给出我的建议，包子爸就按住了我，他给我使了个眼色，意思是让闺女自己选。

这时候，又过来了一个小姑娘，看起来比小笼包大一点儿，显然也是瞧上了这家的小耳环。

小姑娘选了一阵子，拿起一对儿蓝色水钻的说："妈妈，我要这个冰雪奇缘的。"

小姑娘的妈妈拿起来看了看，很干脆地就拒绝了："不行，这个不太好，换一个。"

一听自己精挑细选出来的妈妈不让买，小姑娘立刻就急了："不嘛，我就要这个。"

妈妈也很坚持："我说不行就不行，你要那个草莓的吧。"

小姑娘哇地哭出声来："妈妈，我就是想要那个蓝色的。求求你，给我买那个吧！"

妈妈继续坚定地拒绝："这个质量不好，回去两天就坏了，知道吗？要买就买草莓的，要不就别买了！我是为你好，你这孩子怎么这么不懂事呢？！"

看着孩子哭得停不下来，一旁的爸爸插话了："你就给她买一个吧，难得孩子喜欢。"

妈妈狠狠瞪了爸爸一眼："我说不行就不行，这买回去两天就坏了。"

"坏了就坏了，五块钱的东西！而且，我觉得挺好看的。"爸爸也提高了音量。

"好看？你们还有没有点儿审美？孩子就是被你这么惯坏的。你管吧，我不管了！"妈妈说完，跺了跺脚，拂袖而去。

小姑娘估计被吓坏了，一时没反应过来，愣了一下神儿后，才哭着追了出去。

小笼包在一旁，估计是有点儿看傻了，扭过头来，怯怯地望着我和爸爸。

我摸摸她的头："选你喜欢的就好。"

小笼包终于还是选了那对粉色水钻小王冠的耳环，让小笼包更开心的是，摊主最后还好心地附赠了一个同款戒指。

付完款，我给小笼包把耳环、戒指一一佩戴好。瞬间，一股妥妥的浮夸奢靡风迎面袭来，让人"不忍直视"。可是小笼包十分满足，笑得比花儿还灿烂。

2

回家路上，我和包子爸说起刚才那个哭着离开的小姑娘，不禁感慨万千。

很多时候，我们做家长的，真的在不自觉中，剥夺着孩子的各种权利。

去年夏天，我们就有过一次几乎一模一样的经历。

那次，是去给小笼包买连衣裙。

我看上了一款两件套，咖啡色的小坎袖，外面是一件青色小碎花雪纺吊带裙。

当时在我眼里，这套裙子几乎完美：

第一，俏皮洋气；

第二，吸汗透气凉快；

第三，还可以两穿，单穿小坎袖配条小短裤，或者吊带雪纺裙里配一件白色小T恤都是极好的选择。

可是小笼包完全不买账，死活不肯试穿，她看上的是一条白色公主裙。颜色倒是还好，就是满裙子的水钻，再加上腰上粉色的大蝴蝶结，满满的浮夸加山寨风。

我完全接受不了。于是，任凭她大哭，打滚儿，就是不同意买那条。

包子爸说，要不就两条一起买。

我坚决不同意，我当时想，这种裙子穿出去，别人还不定怎么笑话我这当妈的审美。所以，在我的强硬坚持下，最终还是买了我喜欢的那一条。

那天晚上，包子爸专门找我谈话。

包子爸问我："今天的事情你怎么看？"

我："我只是想买一条适合她的。"

包子爸："什么是适合？"

我："适合就是穿着好看啊，那条白色的，满裙子的水钻，那么大一蝴蝶结，我不喜欢。"

包子爸："那裙子到底是你穿还是小笼包穿？"

我："当然是小笼包穿。"

包子爸："那是你喜欢重要还是她喜欢重要？"

我："我是为她好啊。她穿那条裙子出去，别人不定怎么笑话她妈的审美呢！"

包子爸："那你到底是为她好？还是怕别人笑话'她妈'的审美？"

这句话一下子把我问蒙住了——是啊，我到底是真为了孩子，还是仅仅为了自己面子？

3

那天读到蒋勋老师的一篇文章，他说：在家庭教育中，最怕打着"为你好"的名义，越界干涉和决定孩子的一生。他是你的孩子，却也是一个独立的个体。但我们总在不知不觉中限制孩子，甚至以爱之名。因为爱太伟大了。大概你在骂孩子的时候也会说，爱你我才骂你。但事实上，爱应该建立在人与人平等的基础上。尊重孩子是父母一生的教养。

看完后，我深有感触。

我们总说爱孩子，可我们忘了，真正的爱，首先要尊重孩子是一个独立的个体。

只有当我们尊重孩子的想法和感受，允许孩子在能力范围内，在安全范围内，去做力所能及的事情，孩子才会慢慢知道自己能够做什么事情，并对自己的行为负责。

相反，如果我们一味包办代替，替孩子做所有决定，在思想上压制孩子，不允许孩子自由表达，不允许他有自己的想法，孩子往往就会对自己的能力认识不清——他不知道自己能够做到哪些事情，暂时还做不到哪些事情。一个从来不知道自己能够做什么，不能做什么的人，很难有自己的见解，也很难对自己的生活有责任感，更谈不上独立的判断和人格。

决定一个人一生幸福的，不是满腹经纶，也不是单词公式，恰恰是完整自主的人格、独立自由的思想，以及跌倒了再爬起来的执着和勇气。

所以，作为父母，如果真的爱孩子，学会尊重和放手，才是最重要的功课。

我们能给孩子最好的东西，是完整独立的人格。

4/

很多时候，我忍不住会去思考，对孩子来说，到底什么是真正的爱。

想很久，也没有想到一个完美的答案。

"爱"这个词太伟大了。

说到底，在爱这条路上，我也只是一个虔诚的探索者，摸着石头，小心翼翼地前行着、感受着。

虽然我还没找到答案，但我清楚地知道——

孩子们的灵魂，属于更美好的明天，属于我们做梦也无法到达的明天。

不辜负所有美好，就是我们能给予孩子最美好的时光

1

从前两天开始，小笼包就已经每天在追着我和爸爸问，还要睡几个觉，圣诞节才到呢？

尽管我们每天告诉她还没到呢，但第二天，她还是会嘟着小嘴继续问："快到了吗？妈妈？你看，我又睡了一个觉。"

看着她期待的小眼神，我忍不住想笑。

我知道，她期盼圣诞节，其实是在盼着圣诞老人，盼着一份满载爱意的圣诞礼物。

嗯，想想看，这的确美好，让人期待。

2

月初的时候，小笼包就着手给圣诞老人写信了。

妞还不会写字，基本用画的——上面歪歪扭扭画了粉色的长方形，一个圣诞老公公，一只可爱的小笼包——代表她自己，还有一连串的小心心表示感谢。

妞想要的礼物很简单，是粉色的手工卡纸。

那天我们去给圣诞老公公寄信，小笼包问我："妈妈，圣

诞老公公真的会收到我的信吗？"

我点点头，说："当然。"

她的眼睛里立刻闪出了亮亮的光。

晚上回家，我开始上网给小妞选礼物。

按照小妞的心愿，选了一套彩色的手工纸套装，除了粉色的卡纸，还有九种其他颜色的彩纸，卖家还附赠了卡通手工小剪刀、固体胶水、双面胶带、手工白胶，最后一共才三十多块。

挑好后，包子爸爸凑过来，看着价钱对我说："就光送这个啊，才三十多块？咱是不是有点儿太糊弄闺女啊？要不要再给她准备一份像样儿的圣诞礼物？"

我摇摇头说："不用了，小孩子没有金钱的概念，并不会觉得贵的才是好东西。孩子最渴求的、最需要的就是最好的礼物。"

我一直都觉得，礼物的意义不是用价格来衡量的，更没有大小之分，都是爱的表现。

3

昨晚吃完饭，我们开始装扮圣诞树。

还是去年那棵圣诞树。

去年圣诞节，弟弟只有十个月，只能在一旁看着姐姐忙活。今年，弟弟已经可以嗒嗒嗒地跟在姐姐屁股后面帮忙了。

看着两个小家伙忙活的身影，还有脸上花一样的笑容，我想，能让快乐从柴米油盐酱醋茶中唱着歌跳出来，这就是所有节日的真谛吧。

晚上上床前，小笼包先把她最爱吃的雪饼，认认真真地摆在了最喜欢的西瓜餐盘里，并在餐桌上放好。

小妞说，圣诞老公公半夜送礼物很辛苦，万一他肚子饿了，就可以吃点儿她准备的点心，就有劲儿继续给其他小朋友送礼物了。然后，她又把早就准备好的送给圣诞老公公的礼物——一只可爱的小猪佩奇玩偶，放在了圣诞袜里。

放好后，小妞问我："妈妈，圣诞老公公收到我的礼物会开心吗？"

我说当然。

小妞不放心："可是我不知道他是不是和我一样喜欢小猪佩奇。"

我摸摸她毛茸茸的小脑袋："礼物不是重点，圣诞老公公最在乎的是你的心意。他看到小笼包的礼物，就会知道，有个小姑娘在挂念着他，他一定会觉得开心和幸福的。"

小笼包终于安心地睡了，轮到我和包子爸爸忙活了。

首先，我们把小妞给圣诞老公公准备的礼物从圣诞袜里掏出来。为了证明圣诞老人是真的来过，这只小猪恐怕从此要在我们家彻底消失了。

把它送到哪儿去呢？想到小笼包经常会"莅临"妈妈的单位参观指导，所以，小猪被果断地塞进了爸爸的包里，由爸爸带到单位去妥善处理。

然后，我们拿出准备好的圣诞礼物——妞心心念念想要的粉色手工卡纸，小心翼翼地塞进圣诞袜里。

还有最后一步，是我和包子爸睡到半夜突然想起来的——

妞给圣诞老公公准备的小点心，我们得去吃几块啊……

于是，大半夜的，我和包子爸一人拿两块雪饼，咬得咔哧咔哧响……

有一瞬间，我们对视了一眼，看着对方困成狗、嘴边全是雪饼渣子的样子，就像两只大老鼠，笑得直不起腰来。

4

等一切安排妥当，已经四点多了，我和包子爸躺在床上，却分外清醒。

我们睁着眼睛，从未像现在一样期待天亮。

我再一次深刻地体会到——节日给予的美好，不仅是孩子的，更是大人的。

其实从前，上大学时，每当学校里组织过圣诞节，作为一个爱国女青年的我，心里都是不屑的——哼，这不是崇洋媚外嘛，过人家老外的节日，真没劲！

我对圣诞节的拒绝，一直延续到小笼包两岁。

小笼包两岁那年平安夜，我们无意中读到了五味太郎的《从窗外送来的礼物》。

这本书讲了一个糊涂的圣诞老人，在圣诞夜里，给大家送礼物，因为光从打开的窗子看房子里住的是谁，所以总是弄错。

那本书中有很多用视角、线条打造的小机关，由小小的窗口看到的永远和想象中的不一样，所以惊喜不断。小笼包看得前仰后合，无比欢乐。

那是小笼包第一次知道圣诞节。

听完故事后，小妞就开始对这个留着长长的雪白胡须、穿着大红衣服、喜笑颜开的胖老头儿产生了浓厚的兴趣。她盘着小腿坐在床上，若有所思，迟迟不肯睡。

在我再三催促后，小妞竟带着哭腔央求我："妈妈，我不要睡觉，一会儿圣诞老公公来送礼物，我如果睡着了，就看不到了。"

当我看着妞眼皮都要抬不起来了，还在东倒西歪地挣扎着的小模样，心底忍不住泛起柔软的心疼。

这件事给我带来了极大的震撼。

孩子的世界没有那么复杂，他们对这个世界所有美好的事物都有着本能的向往和期待，是我们这些大人给美好附加了太多的条件。

曾写过《爱心树》《失落的一角》的艺术天才希尔弗斯坦曾经讲过他和女儿的一个故事。

他说他曾经对牙齿仙子特别不屑。所以当女儿牙掉了，把牙齿放在枕头底下的时候，他并没有在意，也并没有放什么硬币。但是，当第二天女儿醒来，发现枕头下的牙齿还是牙齿，然后哭到他心都碎了的时候，他开始无比懊悔。他说，那一刻他甚至想，只要能换来牙齿仙子，让他做什么都可以。

小笼包三岁的圣诞节，我把一棵圣诞树搬回了家。

还织了一只大大的圣诞袜，给妞织了一件圣诞小精灵的小毛衣，钩了一个圣诞老公公的小胸针，我希望自己能给她创造一个仪式感满满的节日。

　　每当她举着圣诞袜，跳着说圣诞老人真是太了不起了的时候，我和包子爸爸都会相视一笑。

　　就像今天早晨，当我捧着一杯热腾腾的茉莉花茶走进客厅，看到小笼包正抱着圣诞礼物，认真地读着圣诞老公公给她的回信。暖暖的阳光，沿着阳台大面积的玻璃窗照进来，铺洒在地板上、信笺上，还有我亲亲小妞的发梢上，安静美好得让人恨不得时光就停留在那一刻，直到凝固成一幅温暖的画。

　　我想，我拼尽全力想要给予她的生活，不过如此——不辜负所有的美好，就是最美好的时光。

盼你懂事，又心疼你太懂事

1/

昨晚因为弟弟睡得早，我终于能给小笼包讲睡前故事了。

我从小笼包最喜欢的maisy讲到了新宠女巫winnie，从《小公主》讲到了《丢饭团的笑婆子》，小笼包一边听着，一边不停地问着各种千奇百怪的问题。

我一边绞尽脑汁搜寻答案，一边纳闷儿：怎么这个小人儿的小脑袋里塞了那么多个为什么呢？

我们最后讲的故事是《先左脚，再右脚》，这是一个讲述祖孙情的故事：

巴比小的时候，爷爷教他走路，陪他游戏，带他去看大大的世界……巴比一天天长大了，但爷爷一点点老去。直到有一天，爷爷生了很重的病，不能走路，也不会说话。他几乎忘记了所有的人，却唯独记得小巴比……

故事的结尾，爷爷在小巴比的陪伴和照顾下慢慢有了好转，小巴比开始教爷爷学走路，他小心翼翼地搀扶着爷爷，告诉爷爷："先左脚，再右脚。"那情景，一如生命之初，爷爷教他的样子……

这是一个温暖，却又充满着淡淡哀伤的故事。当我们走在生命的初始和归途，最浓的牵挂无疑是血脉亲情。

听完故事，小笼包钻进我怀里，问："妈妈，你会老吗？"

我说："当然！妈妈也会老的。"

"妈妈，我不想让你老！你别老好不好？"

"这是大自然的规律啊！就像小笼包一定会长大，妈妈的头发也一定会慢慢变白。"

"可是，妈妈，我害怕你老了，会像巴比的爷爷一样，不认得我了那可怎么办……"小笼包紧紧搂着我的脖子，嘟着小嘴，眼泪就快要掉下来！

"不会的，妈妈会一直记得小笼包的样子，记得小笼包黑黑的眼睛，小小的嘴巴，圆圆的鼻子，真好看！"

"真的吗，妈妈？"

"当然，小笼包是妈妈最爱的宝贝啊！"

小妞如释重负地长长地舒了一口气，抿着小嘴，笑了。

我轻轻拍着她的背，说："睡吧，宝贝，妈妈陪着你。"

"妈妈，我还想对你说一句话！"

"说吧！妈妈听着！"

"妈妈，今天我特别开心。因为，妈妈是面对着我，我能看到妈妈的脸！妈妈，晚安，我爱你哟。"

小笼包给了我一个甜甜的晚安吻后，枕着我的胳膊沉沉睡去了，我的眼泪却在那一瞬间开始汹涌。

从什么时候开始的呢？到底有多久了？我留给小笼包的，竟然一直都只是背影。

看着她恬静的小脸，我突然又想起，那么多次，当包子爸爸出差，小笼包抱着一大摞书想让我给她讲故事的时候，我却因为要哄弟弟睡觉，只好让她等一等，再等一等。

于是，小笼包就乖乖地待在我身后，那么安静地等着啊，不吵不闹。

已经记不清多少次，当我终于哄睡弟弟，扭过头来时，小妞已经在等待中睡着了，怀里还抱着她想听的故事书……

想到这里，我再也控制不住自责、内疚的眼泪——我的小妞妞啊，你为什么要这么懂事？你为什么从来不吵、不争呢？你这么乖，以至于让妈妈总是在无意之中就把你忽略，这可怎么办才好？

2

夜里，心里很难受，翻来覆去一直睡不着。

包子爸爸感觉到了，坐起来，陪我聊天。

搞清楚缘由后，包子爸爸也很感慨，说，不知道是不是天生的，这孩子的心思真的特别善良细腻，这么小个人儿就知道去照顾别人。

他说，前两天，他和弟弟在客厅玩玩具，我在书房看书备考，小笼包在我旁边画画。

后来，他进去给我送水，看到我已经趴在桌上睡着了，身上还披着一个小毯子。他正疑惑这毯子是谁给我盖上的时候，一旁的小笼包冲他竖起小指头："嘘……爸爸，妈妈睡着了。我们要小点儿声哟……"

包子爸爸说，他当时特别感动，觉得这小棉袄实在太贴心了。

我听了，眼泪又差点儿掉下来。

又想起来，有一次去北京，坐高铁的时候乘电梯，我拉着小笼包走在前面，包子爸爸走在后面。小笼包不时扭头看看爸爸，生怕爸爸掉队。

后来看到爸爸只有半只脚踩在电梯上，另外一半脚悬空在外，小笼包着急了，大声喊着："爸爸，你往里面站站啊，要不摔倒了……"

今年夏天，有一天，我从幼儿园接小笼包回单位加班。

一路上，我只顾着对她絮絮叨叨："一会儿到妈妈单位要有礼貌。""不许乱跑，不要大声吵闹。""不许乱动别人的东西。"……我们一起上台阶的时候，小笼包一直往一边扯我的衣角，最后差点儿把我揪倒了。

我一下子火了，训她："你这孩子干吗啊，一直揪我干啥？你到底有没有认真听妈妈在说什么啊？"

小笼包抬起头怯怯地看着我，声音小小地说："妈妈，我想让你走这边，那边有太阳，很晒！"

小笼包就是这样一个孩子：即使被误解、被错怪，也只是平和地解释，不急不怨。

包子爸爸说，也许这就是小笼包内心强大的表现吧。因为永远知道自己在做什么，所以能宽容、平和。

包子爸爸的这个评价，虽然难逃"孩子总是自己的好"的嫌疑，但我不得不承认，这个小妞的内心里，的确充满了比我想象中多很多的勇敢和坚定。

3/

今年秋天，升入中班后的小笼包第一次参加幼儿园的升旗仪式，回来满脸骄傲："这是我们班第一次升旗仪式哦！"

我也很兴奋："哦？你担任什么角色啊？"

"我唱歌啦！"

……

后来，我看了老师发在群里的视频。

班里小朋友们的表现都很棒，有两个小朋友担任小主持人，八个小朋友是护旗手，还有两个是升旗手。而小笼包，只是在升旗仪式结束后，夹杂在一大堆小朋友中唱歌的一员。可她唱得好认真、好投入，摇晃着小脑袋，眼睛亮亮的，嘴巴张得大大的，每一句歌词都很准确。那一幕，狠狠地教育并感动了爱慕虚荣、喜欢争强好胜的妈妈。

她就是这样一个善良温柔、简单纯粹的孩子啊，所以她才能看得见生活中那么多细碎微小的美好。

正如那个阳光暖暖的午后，我们一起读一首关于"风"的小诗。

小笼包问我："妈妈，风到哪里去了？"

"你觉得呢？"

"风一定是和小树跳舞去了。"

小笼包一边说，一边眯起小眼睛，笑了。

自从当妈后，我就迷上了开会

1/

那天带姐弟俩出去吃饭。

餐馆很用心，给每个来吃饭的孩子都准备了一份小礼物。

弟弟的是一辆玩具小汽车，姐姐的是一个塑料的红色小餐桌，还配着四把白色的小椅子。

捧着小礼物，姐弟俩很是欢喜，嘴巴都咧到了耳朵根。

也许是因为太喜欢了，所以当我提出帮他们先收起来回家再玩时，两人十分果断地拒绝了。

不过，有个词叫乐极生悲。那天，我们吃完饭后，又在商场里逛了一会儿：玩具店、宠物店、饰品店，姐弟俩好像玩得特别嗨！等我们离开商场，准备开车回家时，姐弟俩突然发现，手里的玩具不知道什么时候不翼而飞了。

两人的情绪一下子就低落下来，弟弟更是难过地哭起了鼻子。

我只好一边一个，拉住两人的小手，说："妈妈看到，玩具丢了，小笼包和小汤圆很难过。我想，如果换作妈妈丢了自己喜欢的玩具，可能哭得比小汤圆还大声呢。"

小笼包一听来了精神："啊？有多大声？"

"哇哇哇！就这么大！"说着，我便很大声、很"伤心"地哭起来。

很显然，这个方子有疗效！因为姐弟俩在愣了几秒后，扑哧一下都笑了。

看到姐弟俩情绪好转了，我继续说："丢玩具真是一件让人难过的事情，所以我们是不是可以一起想想，有什么办法可以避免这种情况的发生呢？"

姐姐眼睛一亮："不如我们今天的家庭会议就来'头脑风暴'一下这个问题吧！"

我点点头："嗯，这真是个好主意！"

2/

家庭会议，是我们家每个周六的固定项目。

和一般的会议不同，家庭会议的议程主要有五项，从头到尾，一个环节都不能少！

1. 致谢

2. 确定主题

3. 头脑风暴

4. 选择解决方案

5. 家庭娱乐

于是那天回家后，我们家的第一件事，便是开会！

孩子们还给这次的家庭会议定了一个特别好听的主题：玩具保卫战。

　　用大白话说，就是：不想丢玩具，我们可以做点儿啥？

　　大概是因为丢失玩具的"痛"比较深刻，所以那天的"头脑风暴"环节，姐弟俩发言特别积极。

　　姐姐说，可以走的时候让妈妈检查一下，玩具还在不在；

　　弟弟说，可以给玩具配个电话，万一丢了，就给它打电话；

　　姐姐说，可以背个小书包，玩完就把玩具放在里面；

　　弟弟说，可以给玩具拴个小绳子，一直拉着走，这样就不会跑了；

　　爸爸说，谁的玩具，谁走的时候就要记得检查一下；

　　我说，可以让妈妈把玩具放在书包里，回家再玩；

　　……

　　就这样，大家前前后后想了十几条——

　　有好玩的，有实用的，也有脑洞大开稀奇古怪的……

　　总之不管谁说什么，大家都保持着尊重和接纳的态度，不否定、不评判。然后在头脑风暴之后，再从这些建议中，选出大家都认可的进行实践。

　　那天我们商议的结果是：

　　第一，可以等到回家再玩的，就先放在妈妈的包包里。

　　第二，如果是特别喜欢的玩具，实在是很想玩，也可以。但是每离开一个地方前，都要自己检查一下，姐姐弟弟互相提醒。

　　姐弟俩都很开心。

　　他们觉得通过自己的努力想到了不丢玩具的方法，简直酷毙了！

我和包子爸也很开心。

家庭会议让我们专注于问题的解决方案，不仅把姐弟俩从不开心的情绪泥潭中拉出来，还让我们跳出唠叨、指责和埋怨的怪圈，把权利和责任都还给了孩子。

3

其实在这之前，我们还通过家庭会议商讨过"家务活儿分配""Family Media Plan""周末去哪儿玩""我们家的零食日"，以及"小笼包的睡前惯例表"等问题。

因为每个人都需要说出自己的建议，每个人的想法都很重要，孩子们就会有一种被尊重的感觉和归属感。每一次，他们都会特别乐意配合我们讨论出的方案。

不过，这并不是我最初爱上家庭会议的原因。

让我和孩子们真正爱上它的，是因为它独特的环节设定。

比如家庭会议的最后一个环节是"家庭娱乐"。

吹气球比赛、击鼓传花、词语配对、枕头大战、捉迷藏……都是我们最爱的游戏。

我惊喜地发现，跟随着孩子的脚步，我有幸遇见了一个日益丰富、有趣的自己。

捉迷藏的时候，那双从窗帘后露出的小脚丫，让你好笑的同时也不忍心去戳破。和孩子一起玩游戏的过程，时刻在提醒着你，孩子就是孩子，你不能以成人的逻辑去思考他们的问题。

当然，除了好玩有趣，"家庭会议"还充满着温度。

家庭会议的第一个环节是"致谢"。

在家庭会议的最开始，家中的每个成员都要上台向其家人表达感谢。

不是笼统地说感谢大家什么，而要具体说出对每一个人的感谢。

听起来简单，其实真正做起来真不容易。

记得第一次开家庭会议时，我自告奋勇第一个站上台，却脸红地窘了老半天，一个字都没有说出来。那时我才意识到，虽然我们平时对朋友，甚至对陌生人都会经常表达感谢，但对家人说出那两个字，并不容易。我们好像总在不经意间，就对家人的付出习以为常，认为一切都是理所当然的。

后来还是包子爸上台救了场！

我永远都记得，当他站在台上，说"感谢妈妈，每天既要努力工作，还要做家务活儿，照顾小笼包和小汤圆，给小笼包、小汤圆讲很多很多故事，很辛苦……"的时候，我真的是一瞬间便红了眼眶。

其实对于家人，我们每个人都不吝啬付出，只是渴望多一些被看见和理解。

后来有一次，当我对包子奶奶致谢时，我说："感谢奶奶今晚给我们包了那么好吃的饺子。"

包子奶奶听了先是一直摆手："这还值得说吗，不就是一顿饺子！"

但后来她的举动，让我们所有人都傻了眼——

她竟然连着给我们包了一个星期的饺子，直到我们每个人看到饺子就想哭的时候，才停了下来。

这一切，只因为那一声感谢。

4

所以现在，不管手里的活儿多忙，只要到了周六晚上，我们全家便都会充满默契地停下来，认认真真地开会。

从记录会议的笔记本和视频里，我们不但看到了自己和孩子的链接一点一点变得更加紧密，更看到了孩子们持续不断的成长。

去年夏天，弟弟致谢还只会说"谢谢奶奶谢谢妈妈谢谢爸爸谢谢姐姐"。

但前两天，弟弟在致谢环节已经能完整地说完一大段了。

最让人感动的是，小小的他竟然真的记住了家中每一个人为他做的每一件小事。

一路摸索，渐生惊喜。

看着他站在台上，认真地表达着对每个人的感谢，我仿佛看到了一些东西正在他的身体里慢慢生根发芽——那是爱、信任和尊重。

我相信，这将是陪伴他们一生的力量和底气！

虽说二胎生得好，姐弟吵架也烦恼

1

一天晚上，包子爸在厨房里做饭，我在客厅写稿，突然听到姐弟俩起了争执。

争执持续了没多久，弟弟就哭着来找我告状了。

原来姐弟俩在抢一个蓝色的水杯。

那个水杯是小笼包上幼儿园小班的时候用的。弟弟不知道从哪里翻出来了，便兴冲冲地拿着让奶奶灌满了水。可就在他抱着水杯喝得正高兴的时候，被姐姐看到了。

在姐姐心里，这可是自己上小班的时候用过的啊，现在竟然被别人拿走了！那是必须抢回来的啊！

于是，战火便瞬间点燃了！

大致了解了情况后，我把姐弟俩都揽在面前，说："妈妈看到，这里只有一只蓝色的杯子，但是小笼包和小汤圆都想要！"

弟弟含着眼泪，难忍伤心："这是我先拿的，姐姐抢走了！"

姐姐紧紧抱着水杯，也很委屈："可是这个杯子是我小班的时候用的，是我的。"

"嗯，妈妈觉得你们说得都有道理。不过这真是个难题！这样吧，我们把杯子放在桌子上，先来玩一个好玩的游戏好不好？"

一听要玩游戏，姐弟俩顿时都止住了哽咽。

我开始给两个小家伙说游戏规则："我们今天玩的这个游戏，名字叫作'复读机'，就是由两个人分别向妈妈说一说刚才发生的事情。一个人说的时候，另一个人就要做这个人的复读机，重复他说的话。注意哦，要一字不动地重复，不能随意改动，也不能反驳。如果有不同意见，可以先保留，最后再讨论。听明白了吗？"

两人点点头。

"那谁先来？"

"我大我先来！"姐姐自告奋勇。

姐姐说："这个蓝色的杯子，是我上幼儿园小班的时候用的，是我的！"

弟弟开始重复姐姐的话："这个蓝色的杯子，是我上幼儿园小班的时候用的，是我的！"

姐姐继续说："现在我想用，可是弟弟死活不给我，所以我就生气了。"

弟弟继续重复："现在我想用，可是弟弟死活不给我，所以我就生气了。"

大概是听到弟弟自己说自己有点儿搞笑，所以姐姐忍不住扑哧一下笑了。

弟弟也想笑，但碍于面子，所以使劲儿憋着，憋得脸都红了。

接下来，该姐姐当"复读机"了。

弟弟说："这个杯子是我先拿到的。"

姐姐重复："这个杯子是我先拿到的。"

弟弟说："所以应该我先用！"

姐姐重复："所以应该我先用！"

弟弟又说："可是我正要喝水呢，就被姐姐抢走了！我就很伤心。"

姐姐继续重复："可是我正要喝水呢，就被姐姐抢走了！我就很伤心。"

其实说到这里的时候，两个孩子显然气都已经消了大半！

但杯子毕竟只有一个，而两个人都想要！所以平复情绪后，还是要想办法解决问题。

"嗯，刚才发生的事情，通过'复读机'的游戏，妈妈更清楚了。我在想，有没有什么好办法可以解决这个问题呢？现在让我们'头脑风暴'一下，好不好？"

因为家庭会议的时候也有"头脑风暴"的环节，所以两个小家伙欣然同意。

为了抛砖引玉，我先说了一个："我们把杯子切开两半，一人一半！"

弟弟摇摇头："那样杯子就坏了！倒水就漏了，谁都不能用了！我觉得还是谁先拿上谁先喝吧。"

姐姐说："可以轮流喝，弟弟喝一杯，姐姐喝一杯。"

弟弟说："可以今天我用，明天姐姐再用。"

我说："可以举行喝水大赛，一分钟谁喝的水最多，杯子就归谁！"

姐弟俩听了捂着嘴大笑。

姐姐说："如果举行喝水大赛，我想我的肚皮大概会被撑破吧！我们可以投色子，谁的数字大，杯子就归谁！"

弟弟说："可以比赛放臭屁，谁的屁声音大，杯子就归谁！"

弟弟的话，又让两人笑成了一团！

……

那天我们一共想了十条建议！

最后，姐姐主动提出采用"找一个类似的杯子给姐姐用"的办法，弟弟也欣然同意。

看到姐弟俩又开心地一起去旁边玩了，我终于松了一口气。

2

我想在这个世界上，没有什么人能像你的孩子那样，一遍又一遍地考验你处理人际关系的能力和应变的能力。

尤其作为一个二胎家庭，自从弟弟会走会跳，长成一个拥有自由意志的人后，家里便经常上演抢玩具的戏码。抢的结果往往是两败俱伤：抢输的自然是哭得呼天抢地，可抢赢的也情绪紧张、精疲力竭，高兴不到哪儿去。

其实我一直都很奇怪，家里那么多玩具，怎么偏偏别人手中的那个才是最好的？

明明这个玩具昨天还窝在角落里坐冷板凳，但今天只要被一个人临幸，就立刻变成了香饽饽，在两人之间引发一场争夺大战！

以前，面对姐弟俩的争夺，我一般都是先静观其变，让他们先打个五块钱的；看到武力升级，有人要受皮肉伤了，再出手干预。每当那个时候，我都会觉得，二胎好累啊！

最累的不是身体，而是心。

因为不管你先说谁，总有一个会眼泪汪汪："你光说我，就不说Ta。"

你必须敏感地关注着每个人的反应，要见微知著，要讲道理，还不能口无遮拦伤了其中一个的心，得时时刻刻努力做到一碗水端平。

后来有一次和一个对育儿很有心得的姐姐聊这件事，她告诉我："其实你不需要琢磨改变孩子们的行为，也不需要为了减少冲突来控制什么，更不需要替他们担责任。你要做的就是倾听，把孩子的问题真正还给他们。"

看我有点儿蒙，然后，她便给我介绍了开头文中提到的"复读机"的游戏。

她说，这个游戏分三步：

第一步，听"你"说。

"复读机"模式，会让孩子们在重复对方说话的过程中，真正听到对方在说什么。

第二步，听"我"说。

我自己说一遍，你再学我说一遍，孩子们会觉得自己的声音被听到、被理解。

第三步，听"我们"说。

也就是"头脑风暴"环节。

大家一起想办法，出主意，每一个人都可以有表达的权利和机会，所以每一个人都会感觉到被尊重，有爱和归属感。

当孩子感觉好的时候，自然也会做得更好，更愿意和大人合作。

不过在这第三个环节，即"头脑风暴"中，有三点需要我们注意：

第一，提出的每一条方法、意见都要记录，并且不评判，不否定；

第二，方法意见要提六条以上，因为六条以上才更容易找到可执行的那一条；

第三，大人提的意见一定要可爱、不正经。

3

我是一个行动派！

于是回家后，我便把这个游戏运用在了解决姐弟俩矛盾的过程中。

说来特别神奇，每次使用这个方法，真的都能让姐弟俩化干戈为玉帛。

通过几次实践后，我发现，它除了能解决问题，还会带来很多其他好处：

比如说，"复读机"的模式其实是属于一种形式上的延时。它允许孩子和自己的情绪待一会儿，给了孩子一个平复情绪的时间和机会，并让孩子知道，"坏情绪"也是合理的，是可以被接受的。

比如，在描述事情的场景，以及"头脑风暴"的过程，可以很好地锻炼孩子们的逻辑思维能力和表达能力。

再比如，在重复对方话语的过程中，会让孩子们更好地学会倾听，学会理解，学会一起合作解决问题。

它会告诉孩子，人生不是只有一条路或者两条路可走，而是有很多条。这一条路走不通，可以试试别的。我们要永远满怀希望！

还有一点，是最最重要的——

它会让孩子们感受到，自己在这个家里，是被爱的。

只有当孩子们自己确信爱的存在，安全感才能在他们心底满满蕴蓄。

从这个角度来说，二胎家庭，两个孩子之间的关系，其实是由父母决定的。

而所谓的"一碗水端平"，是实现孩子们互相之间的尊重、理解和密切关照。

爸爸妈妈的话，不过是一种验证，最根本的，还是有赖于日常点滴累积的底气。

在充满爱的家里，孩子们从不怀疑自己的重要性。

因为，他们相信你。

第四章

孩子，你可以慢慢来

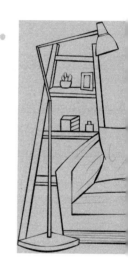

有时候需要学习的不是孩子，而是父母

1

暑假，包子奶奶带着小笼包和弟弟回老家住了一段时间。

等我再见到小笼包的时候，发现她多了一个小毛病，她总是不自觉地咬下嘴唇。

一开始，我没太在意，想哪个孩子还没点儿小动作啊，估计几天就好了。但十来天过去了，情况不仅没有好转，反而变得更糟糕了。她好像无时无刻不在咬嘴唇，包括晚上睡觉的时候。而且她睡着了，我必须使很大的劲儿才能给她掰出来。

我不由得开始焦虑了，便对家里人说：以后谁看到她咬嘴唇都必须提醒她，这臭毛病改不掉，实在太难看了。

于是，那段日子里，除了正常的吃喝拉撒睡，全家只有一件重要的事，就是盯着小笼包那张嘴。

"小笼包，不许咬嘴唇了！"

"小笼包，你怎么又咬嘴了？"

"怎么又咬？这么漂亮一个小姑娘，哪儿学的这臭毛病！"

……

令人郁闷的是，尽管已经全家上阵，情况似乎并没有什么好转，反而还有愈演愈烈的趋势。

一个周末的晚上，我像往常那样，给两个娃讲故事，不经意瞟了一眼，发现小笼包竟然又在咬嘴唇。

我终于忍无可忍了！

我没有像往常那样提醒她，只是啪地合上了书，没有再继续讲下去。

小笼包有点儿蒙，抬起头来满脸不解地看着我。

我看着她，嘴唇还是紧紧地咬着，简直是怒火中烧！于是我伸出手来朝着她的小手就是一巴掌："你到底怎么回事！让你不要咬嘴唇，不要咬嘴唇，你怎么就是记不住！

"你今天倒是说说，为什么一定要咬嘴唇？你说啊，为什么？……"

我声音越来越大，小笼包可能是吓坏了，眼泪吧嗒吧嗒开始往下掉，小手拉着我的胳膊："妈妈，我以后不咬了，你不要生气！"

尽管小笼包已经向我认错了，但我已经完全陷入了自己的情绪泥潭里，根本无法控制自己。

我一把推开小笼包的手，把这些天来的焦虑、担忧、愤怒，全部变成了疾言恶语扔了出去："今天不讲故事了，你睡觉吧，什么时候改好了，什么时候再给你讲故事。"

小笼包一边哭一边躺下，一边努力闭上眼睛，小声抽泣了好久好久。

小笼包终于睡着了，而我，也终于开始冷静下来。

扭身看着小笼包脸上挂着的泪珠，心不由得拉扯着疼——我一面心疼她，一面又因为她始终改不掉的臭毛病又气又急。真的是辗转反侧，一夜无眠。

2

第二天，上心理咨询师的辅导课。

教授正好讲到了发展心理学，说到了婴幼儿期的各种心理、行为表现。

课间，我像抓住救命稻草般，着急地请教教授：我孩子小笼包总是改不掉咬嘴唇的毛病，该怎么破？

教授认真听完了我的描述后，微笑着轻轻拍了拍我的肩："首先，这不是什么大不了的问题，不要过于焦虑。其次，你要知道，孩子任何一种行为表现背后肯定都有原因。就像小笼包现在这样频繁咬嘴唇，可能最开始是源于某个你不在的场合给她带来了焦虑、害怕，或者其他不好的感受，于是她用这种方式去排解自己的情绪。这本来是阶段性的，可能过一段时间，自然而然就好了。但因为你们全家人过于紧张，不断地去提醒她，反而在某种程度上成了一种暗示和强化，起了相反的作用。所以，从现在起，建议你们不要再去注意孩子的多余动作，任其自然就好。"

听完教授的话，我先是长长舒了一口气，转而想到这段时间以来，我给小笼包传递的压力和焦虑，还有头天晚上小笼包哭红的眼睛，我心里又开始难过沮丧到了谷底——天哪！我是一个多么糟糕的妈妈啊！

教授看透了我的心思，对我说："心理学上有一个说法，叫作'足够好的母亲'。而所谓'足够好'的意思是说，再好的母亲也不能满足婴幼儿所有的需要，无法每分每秒都陪在他身边，也不能保证不犯任何错误，我们能做的，也就是尽力而为，为其提供一种温暖、安全的氛围，这就已经很不容易了。作为你来说，你一直特别努力地学习各种育儿知识，愿意为建立良好的亲子关系去做积极尝试，这就足够了。而对于昨晚给孩子带来的伤害，你可以认真、真诚地向孩子道个歉！"

我恍然大悟。

3/

那天晚上，小笼包洗完澡后，抱着一大摞绘本爬到床上，笑眯眯地喊我："妈妈，快来讲故事！"

她咧着小嘴，好像已经全然忘记了昨晚妈妈严厉的批评和训斥。

我一把搂着她："小笼包，妈妈有一件很重要的事情要对你说。"

"什么呀？"小笼包仰起小脑袋，好奇地看着我。

"妈妈要对你说，对不起，昨天晚上妈妈态度不好，太凶了。你一定很害怕，很难过吧？"

小笼包大概没想到我说这个，愣了一下神后，才垂下眼帘，轻轻点点头："嗯，妈妈，我不喜欢你变成大狮子。"

"是的，大狮子的确太凶了！妈妈也不喜欢。"

"妈妈，其实我也不想咬嘴巴，可是我经常就忘了，也不知道怎么回事。"

"嗯，宝贝，妈妈知道了。没关系，我们慢慢来！"

那晚，小笼包睡着后，我召集包子爸爸、包子奶奶开了一个家庭会议。

我和大家传达了教授的话，然后全家一致决定，我们要给小笼包时间让小笼包慢慢来。所以，从明天起，谁都不再用过激的话语提醒、强调小笼包咬嘴唇的事情。

不过，很多事情都是说着容易做到难。

在最开始的几天，有好几次看到小笼包咬嘴唇，我都差点儿忍不住要去阻止，真是使出了吃奶的劲儿才把那些话逼回了肚子里。

有一次，我实在忍不住了，想了半天，我没说话，只是轻轻点一下我自己的嘴唇，给了小笼包一个谜之眼神。

没想到小笼包看到了，竟然心领神会，不仅一下子就松开了，还捂着嘴一个劲儿傻乐。

于是后来，这个手势便成为我们母女间的一个小秘密，只有天知，地知，我懂，她懂。

再后来，不知道是因为我们全家的注意力都转移了，还是事情真的往好的方向发展了，反正我们全家都惊喜地发现，小笼包咬嘴唇的时候越来越少了。

包子爸特别感慨地对我说："之前不懂，南辕北辙了那么久，我们焦虑，孩子也不开心，全家鸡飞狗跳的。后来按教授说的，也没做啥，反而把问题解决了。看来，这当爹妈真的是要学习啊，要科学育儿！"

我使劲儿点了头。

是啊，其实孩子的问题大多不是出在孩子身上，而是我们家长自己的问题。

就比如小笼包咬嘴唇的问题，由于一开始我的认知出现了偏差，导致我后来处理的方法也全部跟着跑偏了。

我从这次事情中，也学到了好几点：

比如，我们绝对不能忽视孩子的情绪，在教育之前，首先要做到完全接纳，只有当孩子的情绪被接纳时，他们才更愿意去调整自己的行为。

比如，沟通可以借助一个词或者一个手势来表达。就像后来，当小笼包再咬嘴唇时，我就会轻轻点一下我自己的嘴唇，小笼包立刻明白是什么意思，根本不需要我出言训斥。

孩子们并不喜欢听教训和冗长的教导，一个简单的手势、提示会鼓励他们思考问题，并去想应该做什么。

再比如，不要质问孩子"为什么"。

对于一个孩子来说，使他尤为不安的问题是问他为什么会这么想，这么做。

就像那个晚上，我拼命地要求小笼包回答我为什么要咬嘴唇，小笼包除了哭，什么都说不出来。

因为"为什么"这个词要求孩子解释自己的感受，说出一个符合逻辑的、让大人可以接受的理由。零到五岁的孩子，通常还没有这种能力，还不能老练地说出自己的感受。所以这种问题只会让孩子缄默，会让孩子把注意力高度集中在你的态度上，而忽略了自己的错误本身。

……

你看，当一个好妈妈好爸爸真的是需要学习和练习的。

为人父母真是世界上最学无止境的功课，而且学习的过程本身就很宝贵！

孩子，你慢慢来，我会等你

1

昨天，有位妈妈在后台给我留言："小笼包妈妈，我家孩子都两岁半了，说话还是不太清楚，平翘舌不分，他是不是语言发育迟缓啊，我需要给他做什么训练呢？"

我安抚这位妈妈："不要着急，只要坚持亲子阅读，多陪伴宝宝，多和宝宝说话，慢慢来，宝宝语言能力一定会循序渐进地向前发展的，我们要给宝宝一点儿积蓄能量的时间。"

但我的安慰似乎没起什么作用，这位妈妈又继续问我，有没有一些训练，能快速提高宝宝的语言能力，让宝宝能像小笼包一样口齿清晰、绘声绘色地讲故事。

隔着屏幕，我依然能感受到这位妈妈的焦虑，但我无能为力。因为小笼包在三岁半的时候，也还是一个连"鸭子"都说不清楚的孩子。准确地说，小笼包那时候是完全平翘舌不分的。而且受包子奶奶的影响，小妞还满口山东话，她随口蹦的都是"洗绝"（洗脚），"洗腔"，"吃月"（吃药），"我赶脚有点儿木乱"……

现在听当时录她念的《鸭子骑车记》，你会发现，在那个故事里，小笼包把"鸭子"全部读成了"鸭几"，车子都读成了"车几"……

所以，我真的不知道有什么样的训练能让一个两岁半的孩子口齿清晰、绘声绘色地讲故事。

其实，关于小笼包的口音问题，我当初曾开玩笑似的和包子爸吐槽："你身为专业播音员，普通话一级甲等，而你闺女的普通话如此之渣，你好意思吗？"

包子爸听了哈哈大笑，他说："我还说了二十多年的'煎饼卷大葱'味的山东话呢，不照样能把普通话说好吗？小笼包现在说'鸭几''被几'，说得悠然自得极具个人特色，多好听啊！等将来她长大，你想听都听不到啦……"

包子爸爸这番话还是有他的道理的。

初学说话的孩子一般都口齿不清楚，尤其发不了舌尖音。这非常正常，家长不在意，孩子长大就慢慢好了，以后你想听也听不到了。

就像现在，当我们返回去听小笼包三岁时的录音，听着当时那俏皮可爱充满童真的"鸭几""我久了"……涌起的都是满满怀念，可再也回不去啦！

这就是孩子的成长，让人欣喜也让人伤感。

所以，人生的路那么长，孩子说普通话的日子长着呢，我们到底在着急什么呢？

2

我突然想起了小汤圆一岁时，我带他去做儿保。

大夫给小汤圆测完身高体重后，问我们："会走了吗？"

我回答，还不会。

她抬起头，有点儿惊讶地看着我："还不会走啊？"

见我点头，她不禁皱了皱眉："一般一岁的孩子都应该会走了啊，而且你家还是男孩子，男孩子往往更早一些呢。你呀，得给他加强锻炼。"

在体检档案上写了几笔后，大夫继续问："会叫爸爸妈妈了吗？"我回答，会了。

"那会说'走'啊、'拿'啊之类的吗？"我回答，这个还不会。

大夫又摇摇头："唉，你这语言也得加强锻炼，有点儿晚啊！"

一番检查后，医生给出的结论是："这孩子缺钙，得补钙，好好补！"然后大手一挥，开了两盒钙片。

最后，钙片我们没有买，因为我们全家真没觉得小汤圆哪里缺钙。

一岁的孩子不会走很奇怪吗？他不会走，但他每天在爬啊，而且爬得飞快，可以爬上高高的沙发、高高的床，下来的时候，还知道要脚先着地，倒着从床上爬下来……

一岁的孩子不会说"走""拿"就是语言发育迟缓吗？他是不会说这两个词，但每次看到小笼包，他都会两眼放光，姐姐姐姐地叫个不停；他会像模像样地翻开书，嘴里嘟嘟着一些自己的语言；还会听着音乐咿咿呀呀地跟着唱歌，随着音乐扭着小屁股，挥舞着小手打节拍……

对于一个一岁的孩子，这些难道不够吗？人生的路还那么长，孩子两条腿站起来走路、张开嘴说话的日子长着呢，我们到底在着急什么呢？

3/

婴儿的世界本来就是混沌的，需要在较长的时间里慢慢清明，成人却那么急于去改造孩子。

很多时候，我们忘记了这世上存在着道法自然，只知道一味地追求更高、更快、更强。

月子里，吃了奶必须睡三个小时以上，否则就是没吃饱，得加奶粉；

满月了，至少得长三斤肉，否则就是发育不良；

六个月，孩子晚上必须得睡整觉，否则就是缺乏训练；

一岁，孩子得断奶了，还得会走路、会说话，否则就是缺钙、缺锻炼；

两岁，孩子不能再穿尿布，必须自主控制大小便，否则就是自控力差；

三岁，孩子必须会背唐诗几百首，会写字、会画画、会说ABC，否则就是爹妈教育的失败……

在这种要求下，孩子各种明明是正常的表现都被看成了"问题"，被带去接受各种"训练"和纠正。

可孩子的成长，本来就是慢慢的啊！

在被誉为全球阶梯教养"圣经"的《你的N岁孩子》里，作者写道：只有发展到了不同的阶段，他们才能获得不同的能力，而不能跨越任何一个阶段。

所有想加速孩子们发展的努力都是徒劳的。这是大自然的精心安排，它要为每一个有巨大潜能的生命，留出足够的积蓄能量的时间。

在没有学会走之前，他们是不会跑的。无论你在一旁多么热心，多么焦急，都于事无补。

所以，当我们在育儿的路上一路狂奔，是不是也应该停下来问问自己：我们到底是在爱孩子，还是在以爱之名对孩子进行控制呢？

4

童年的任务原本就是向内积累。

所以，作为父母，我们要做的，只是陪伴他、接纳他，允许他和这个世界缓慢地握手交流，并将这份耐心和接纳保持下去。

孩子八个月还不会爬？没什么大不了，让他去好了。总有一天他可以爬得很顺溜。

一岁还不会叫"妈妈"？不是多大的事，随他去吧，总有一天，他会叫得很响亮！

生命那么那么长，他们终会用一生的时间成为自己想要的样子。

我们，不要着急呀。

最后，送给大家一段我特别喜欢的对话，来自绘本《别说你快点快点》：

孩子：我慢慢地朝前走啦！

妈妈：你慢慢地走过来吧！

孩子：你不会笑话我吧？

妈妈：我不会笑话你的。

孩子：你等我吗？

妈妈：我等你啊！

是的，我的孩子，我爱你！

所以，我等你啊！

《笠翁对韵》，孩子国学启蒙不能错过的经典

1

第一次知道《笠翁对韵》，是有一天无意中在网上翻到一条关于六岁神童李尚容的视频。

这个孩子在节目现场，随口抛出大段"四书五经"，不仅能够背诵国学经典而且能够活学活用，让主持人连连赞叹，自认"没文化"。

更难能可贵的是，她背诵下来的诗词能够融会贯通，不但知其然，还知其所以然。

看完之后，我最大的感受就是，任何一个优秀的孩子，都不是横空出世的奇迹，而是有迹可循的因果。

李尚容的母亲在她三岁的时候，就开始引导她读经典书籍。

妈妈说："我最早给她读的是很有韵律感的《笠翁对韵》，我们就像做游戏一样地去读。我说'天对地'，她就答'雨对风'，像玩一样，她喜欢。把这个读完之后，她就一系列都喜欢了。"

那天，看完这个视频，我立刻就从网上下单买了一本《笠

翁对韵》。

我当时想，先不说孩子学不学，这么好听有韵律的词句，像歌儿似的，就是我自己每天读一读也是极好的啊……

2/

起初，我以为一本写给小孩子看的书，我看绝对没问题。收到书后才发现，这书虽然在古时候是给小孩子看的，但到了今天，我们大人想要完全读懂它，还真是不容易。

写到这里，先来给大家简单介绍一下《笠翁对韵》。

《笠翁对韵》的作者是清代著名诗人、戏剧家李渔，"笠翁"二字是他的别号。

由于这本书主要是通过精彩的例句来介绍诗歌的对仗技巧和声韵知识，所以，又叫"对韵"。

《笠翁对韵》所遵循的标准，叫"平水韵"，这本书把平、上、去、入四个声调的汉字按韵母分成一百零六组，每组为一个"韵"部。

由于《笠翁对韵》编写的例句都是格律诗，按照规定，格律诗必须押平声韵，所以李渔从这一百零六个韵部中只选出了三十个平声韵；又因为属于平声韵的汉字比较多，李渔便把本书分为上、下两卷，每卷各十五韵。

再以每组"韵"的第一个字作为这个"韵"部的代称，这样就有了"一东""二冬""三江""四支"等章目名称。

简单地说，这本书就是李渔为古代学习诗文韵律与对仗的小孩子专门编写的精彩参照范例。

为什么给小孩子读的书，我们大人会觉得难呢？

首先，从内容上讲，里面涉及了天文地理、神话典故、时令文史等非常辽阔的领域；

其次，原文基本源于古代的诗、词、文、赋，有的是引用原话，有的是化用句意，都蕴含着某种事物或某个典故，如果没有详细的注释，很难理解其中的寓意。

所以，我当时为了读懂它，真是各种查字典，还找了好多个有精解的版本去研究。

不过，《笠翁对韵》的神奇之处就在于，当你真正读懂了，就会越读越喜欢。

当我真正喜欢上它以后，我就开始把它读给小笼包听了。

当时想法也很简单，就想让小笼包也来感受一下这么美好的韵律词句，不期待她当什么神童，她就好好地听着，好好地感受一下，就好。

3

从那以后，每晚睡觉前，我都会给小笼包读上一段。

一开始小妞只是默默地听着，看着她一脸呆萌的样子，我脑子里就蹦跶着四个字："对牛弹琴！"

不过我并没有泄气，我想，反正我自己也是要读的，就算是对"牛"弹，也好过自己"独奏"啊。好歹眼前还是一个会呼吸、会动的真娃娃呢！

就这么沉浸在"独角戏"中大概一个月吧，有一天，我们在楼下遛弯，小妞仰头看着蓝蓝的天，突然摇晃着小脑袋自言自语地嘟囔了一句"天对地，雨对风"。

那一刻，我真的激动得快要蹦起来了。

苍天啊！大地啊！我一直以为她是漫不经心地听我读，没想到，她竟然记住了啊！

这之后，我便更有分享的动力了。带着小妞下楼遛弯，上楼梯，做游戏时，我经常都会给她读上一段；我们还经常席地而坐，像做游戏一样，我拍手说"我是天"，小笼包则拍手接"我是地"，我说"我是雨"，小笼包就对"我是风"……

为了能最大限度地做到随时随地读给她听，每天晚上小笼包睡了，我就开始做功课，把第二天要读的内容先背过。

不知道为什么，我那时背的速度极快，感觉我高考时都没这么高的效率。

所以，学《笠翁对韵》的这段经历也让我得出一个深刻的认识——

如果妈妈们都能先生了孩子再去参加高考，一定妥妥儿地都是学霸，母爱真能激发女性强大的求知欲和创造力。

也许是这种不停地、反复地磨耳朵起了作用，妞在两岁的时候，就能把"一东"完整地背诵下来了。

4/

后来的很长一段时间，《笠翁对韵》都是我们睡前必读书目。

当小笼包四岁时，我发现，她读《笠翁对韵》开始不仅停留在"读"上了。她开始对字词变得敏感，不停地问我这个字、那个词都是什么意思。

读"赤日对苍穹"，妞问："妈妈，苍穹是什么意思？"

我说"苍穹"就是天空。

读"雨霁晚霞红"，妞问我："什么是雨霁？"

我说"雨霁"就是雨停下来了。

读"参商两曜斗西东"，妞又问："什么是参商啊？"

我告诉她，参和商呢，就是两颗星星，分别在北斗星的西边和东边。

这句话里还有一个神话传说，讲的是远古时候，高辛氏有两个儿子，两人关系不和，天天打架。高辛氏没办法，只好把大儿于调去商丘，成了商星，在东方；小儿子调去大夏，成了参星，在西方，从此二人不再相见。后来人们就以"参商"来比喻兄弟之间不和睦或亲友不能会面。唐朝大诗人杜甫，还写过"人生不相见，动如参与商"的诗句。

其实这些解释，我也不知道她听懂了多少，但小笼包只要问，我就耐心地解释给她听。

时间真是个伟大的魔术师呀！

因为那之后没多久，一天，我和小笼包一起读柳宗元的《江雪》。当我们读到"孤舟蓑笠翁，独钓寒江雪"的时候，小笼包突然问我："妈妈，这是不是说的就是'三冬江上冷渔翁'？"

那一瞬间，我惊喜无比。

看着她亮亮的眼睛，我知道，她已经把这些词句真正印刻到了心里。

5/

今天我们为什么要给孩子读《笠翁对韵》？

因为《笠翁对韵》教给我们的，不是死知识，不是生搬硬套的条条框框，而是一种语言的感悟力。

当你捧起《笠翁对韵》，读着这些极具音韵美的词句，你会发现这还是一本我们可以活到老读到老的书，寥寥几语，国学的精粹蕴藏其中。如"十一真"中的"色艳北堂，草号忘忧忧甚事；香浓南国，花名含笑笑何人"一句，不仅对仗工整，而且巧妙地把"忘忧""含笑"两种植物名嵌入句子，生动传神，意趣盎然。

又如"三江"中的"斩蛇当道，英雄天子汉刘邦"，说的是刘邦斩蟒蛇起义的故事，依据的是《史记·高祖本纪》。

再如"八齐"中借用《孟子·滕文公下》中的观点说"工谀病夏畦"，是说善于谄媚的比夏天在田地里干活儿还要累，表现了作者对谄媚之人的鄙视，注重气节，追求精神上的自由。

……

当你真正走进它，你会发现，你已经不仅是在读韵书，你读的更是鲜为人知的优美诗文、有趣的历史故事和穿越五千年的智慧和文明。

《笠翁对韵》就像一个小小的支点，可以让我们和孩子以此去了解中华民族灿烂文化的源远流长。

每一个人，只有知道了自己是从哪里来，才能知道自己是谁，将要到哪里去。

学会拒绝，比只会"分享"更重要

1

前两天，包子爸爸的姨妈带着小外孙女豆豆来家里做客。

豆豆比小笼包大一岁，两个小丫头虽然是第一次见面，但很亲热，小笼包把积木、汽车、洋娃娃、画笔、绘本通通翻出来给小姐姐玩。

但这派祥和友好的场景没持续多久，屋里突然就响起了豆豆撕心裂肺的哭声，边哭边喊着："我就要，我就要嘛！"

然后就听到包子爸爸很大声地说："小笼包，豆豆姐姐是客人，你应该把这个给她！"

小笼包大声喊着："不要，这是我的，这是我的！"

我抱着弟弟出来时，看到豆豆在姥姥怀里，已经哭得梨花带雨。

小笼包坐在自己的餐椅上，小手紧紧地搂着那个西瓜碗，委屈地嘟着小嘴，小脸儿涨得通红。

包子爸爸夹在姐妹俩中间，正在努力给小笼包做着思想工作："小笼包听话，你把这个给姐姐，爸爸给你拿一个更好的！"

"不要！我就要这个，这是我的！"小笼包已经明显带着哭腔了，但仍然倔强地抵抗着。

这时，坐在一旁的豆豆听到又被拒绝了，心碎了一地，哭得更大声了。

看到这里，我已经大致明白了事情的原委，两个小朋友在争抢一只西瓜碗。

虽然我平时也鼓励小笼包要乐于分享，但那一刻，对于她的拒绝，我是万分理解的。

那只西瓜碗，从小笼包两岁时我买给她后，就成了她的"御用"餐具，真真是心头最爱。对于自己最爱的东西，别说孩子了，就算是我们大人，也一定有一些是只愿意"私藏"的啊！

2/

爸爸还在试图说服小笼包把碗给姐姐。

小笼包不说话，只是死死地把小碗抱在怀里，看到我出来了，便眼泪汪汪地看向我。

说实话，作为亲妈，看到自己娃委屈得红了眼睛，真的挺心疼的。

我想那一刻，小小的她，心里一定是把最后一根救命稻草系在了妈妈身上。

所以，作为妈妈，我怎么能辜负女儿的信任呢？

我是必须、绝对、一定得帮她捍卫西瓜碗的"主权"啊！

可是豆豆毕竟是客人，总不能让孩子这样一直哭下去……

突然，我灵机一动，想了一个好办法。

我把豆豆抱过来，亲了亲她的小脸，在她耳边悄悄地说："豆豆，舅妈知道你很喜欢这个西瓜碗，是吗？"

"嗯！"

"舅妈这里有一个更可爱的哆啦A梦的小碗，你要不要看看？告诉你一个小秘密噢，舅妈这个碗啊有神奇的魔力，食物装进了这个碗里，都会变得特别好吃，而且小朋友吃了，会变得身体棒棒，聪明又可爱！"

豆豆止住了哭泣，好奇地瞪大了眼睛，我趁热打铁："舅妈带你去拿好不好？"

豆豆说："好！我要哆啦A梦！"

当我把一只哆啦A梦图案的卡通小碗递给豆豆时，豆豆破涕为笑了："我要吃大米饭，给我盛大米饭。"

看见豆豆姐姐笑了，小笼包紧锁的眉头终于也舒展了，笑着说："豆豆姐姐，哆啦A梦很可爱的，你用吧！"

看着小家伙们和好如初，一旁的大人们终于也都长长地松了一口气。

3

晚上，小笼包睡觉前，我们一起读了《分享，并不总是很容易》的故事。

故事中，小兔邦妮的表弟要来家里玩，妈妈叮嘱她，要和表弟一起分享。结果，表弟抢了邦妮心爱的玩具，把她的床当成蹦床，还打碎了她的盘子，两个人在一起又拉又拽，又推又摇，邦妮气鼓鼓，怒冲冲。直到表弟临走时，给了她一个大大的拥抱，所有的怨气才终于烟消云散了！

讲完故事，我对小笼包说："宝贝，妈妈知道，分享并不是一件容易的事情，对于喜欢的东西，妈妈自己也不一定做得到分享。所以没关系，我们可以一起等你准备好的时候，再去分享。不过同样，别人的东西，也是别人自己的，你想要之前，必须先问问别人愿意不愿意，好吗？"

小笼包看着我，认真地点点头。

与人分享原本就不是一件容易的事情，不是吗？

有些东西我特别喜欢，我可能不愿意和别人分享，或者说我还没有做好与别人分享这些东西的准备，这没什么不对。我可以选择不和别人分享，或者等我想好之后，再和别人分享。我们每个人，都没有强迫他人放弃自己东西的权利，即便对方是我们的孩子。强制分享，给孩子带来的负面影响，也许会持续很久很久。

关于这个问题，我自己就有亲身体会。

记得小时候，一个远方亲戚带着孩子来我家做客，那个小男孩喜欢上了我的玩具小木椅。这把手掌大的袖珍小木椅，是爷爷专门给我做的，花了一个多星期，是我的心爱之物。可奶奶在没有征求我意见的情况下，就让那个小男孩带走了它。

我知道后，伤心无比，和奶奶又哭又闹，哭了一整天，晚上做梦都梦见小椅子被送回来了。

直到现在，我还经常想起它。

尤其是在想念爷爷的时候，闭上眼睛，那把小椅子就在我眼前晃啊晃啊，难忍伤心。

4

也许在家长眼中，大人的面子远比孩子的感受重要，孩子就是自己的附属，所以他们自然而然地就替孩子做所有的决定。

我们的孩子，虽然从我们的生命孕育而来，可并不完全属于我们，他们是一个个独立的个体。

他们的自我意识从两岁开始萌生，从占有可触摸的物并将其变成"我的东西"开始，一步步建构，从具体的"我的"，到意识的"我的"，再到一个完全无形的自我……

他要靠拥有自己的东西将"我"与"他人"区分开来，一直到六岁左右，孩子才会开始喜欢和他人分享物品。

所以，虽然分享、礼让一直是中华民族的传统美德，但如果我们强制让孩子把自己的东西与别人分享，或者未经孩子同意就把孩子的东西送人，除了会让孩子感到无比委屈伤心，也许还会让他产生这样的想法：我的东西被强制分享给了别人，我也可以强行得到别人的东西。

如果这个孩子正处于"我的"占有敏感期，强行要求孩子分享他的东西，会给他造成巨大的恐惧感和危机感。所以，有时候，学会拒绝比一味只会分享更重要。

5

小小孩的世界原本就没有那么复杂，在他的心里，我的东西就是我的呀！

这和自私什么的都没有关系。

等他慢慢长大，有一天会突然发现，拿一个玩具给别人，自己也能得到一个玩具。给别人玩的玩具，最后也并不会被别人真的拿走，还会多一个朋友陪着自己一起玩、一起笑，幸福会被放大、会加倍。他会明白：哦，原来分享是这样快乐的事情。当他真正体会到了分享的乐趣，分享就成了一件自愿自觉的事。

而在此之前，我们要做的，就是信任、理解、尊重孩子，告诉他，你的物品应归你所有，你的东西给不给别人，你有决定权；别人的东西不可以拿，如果拿，要征得对方的同意，如果别人不愿分享，那么我们更要尊重他人的意愿。

就像今晚，我给小笼包讲了这个故事，也许下一次，小笼包还是不愿意和别人分享自己的心爱之物。但我相信，被充分理解和尊重的她会有自己的思考和感悟，也许再下一次，再下下一次，她就愿意去分享了呢？

让孩子爱上看书，远比多识字重要

1

前两天，第一次见朋友的女儿果果，差点儿让我惊掉了下巴。

果果今年只有五岁，比小笼包还小几个月，但因为从两岁起读国学私塾，现在识字量竟然已经达到了三千字。

三千字是什么概念？

根据《小学语文教学大纲》2016年修订版："小学阶段，需认识常用汉字三千个左右。学会其中两千五百个左右，做到会写，并了解在具体语言环境中的意思。"

也就是说，果果虽然才五岁，但在认字量方面，基本可以匹敌小学毕业生了。

说实话，那天见到果果后，一直抱着"散养"态度的我，也忍不住有点儿焦虑了——因为和果果同岁的小笼包，我还从来没有正儿八经教她识字，而且，我也从来不知道她到底认得几个字。

我只知道因为绘本读得多了，她认得绘本里面最常出现的个别字，比如"我""人""了""完"之类的……

所以那天见过果果后，我开始认真考虑要不要正式教小笼包识字了。

　　毕竟是亲妈啊！谁都希望自己孩子多学本事，虽然知道人生是一场马拉松，但还是不由自主地希望自己的孩子能跑得更快，拥有一些独特的优势。

　　可是让我一直纠结的是，我担心小笼包识字之后，会像我们所有识字的大人一样，开始只关注黑色的方块字，而渐渐失去对图画的那种心无旁骛的感受力和敏锐的捕捉力。这种能力，也许才是一个人一生中最珍贵的，一去不复返的。

　　所以，每当我给小笼包读绘本时，面对着书中那些美好的画面，小笼包总能从图中发现我根本没注意到的小美好的时候，我便又舍不得教她识字了。

2/

　　但就在我犹犹豫豫反复纠结的时候，关于果果，竟又发生了一件让我更震惊的事情。

　　那天，果果妈妈突然给我打电话，她说果果已经连续半个月不肯读书了，说讨厌书。老师布置的家庭阅读作业，总是没办法完成，好话歹话都说尽了，就是不奏效，后来发展到一提书就哭。

　　电话那边，果妈也几乎都快哭出来了，问我该怎么办。

　　电话这边，我已然惊呆了，愣了很久，才想起问她："家庭阅读作业都是什么书目？"

　　果妈回答："最近读的是《弟子规》。"

　　想了很久，我告诉果妈，我的建议是：可以试试先停掉这些只有方块字的书，给孩子读一些经典的图画书，那些美好的图画，也许会缓解孩子对书的排斥。

果果的情况有没有好转，果妈还没和我反馈，但这件事对我触动很大。我们平时只顾着拼命地拽着孩子向前跑，就拿识字来说，我们总担心孩子学得不够快不够多，可是我们忘记了，这世界上识字的人那么多，可真正爱书的人又有几个？

这世间一切的启蒙，最应该开启的就是"热爱"。

如果像果果这样，识字三千，却把对书的"热爱"丢了，那么识字又有何意义呢？

记得之前读汪培珽的《喂故事书长大的孩子》，关于识字，她分享过自己的一段经历。

汪培珽曾在孩子两岁多时教孩子认字，后来汪的母亲看到了，赶紧制止了她。

汪母曾经经营了很多年的幼儿园，她说通过她多年的观察，幼儿园里那些认字能力快的孩子看见一本书，往往只专注于读字，而忽略了对插图的欣赏。

心理学研究中对儿童阅读时眼部活动扫描的发现也是这样的。

不看图只看字的孩子会有什么损失呢？

除了美育的作用外，插图提供了很多故事线索。不关注插图的孩子其实是不关注故事情节，或不会把语言和视觉图像结合起来去理清故事。说白了，孩子根本不是在读书，而是在读字。

美国儿童心理学博士陈鲁也曾经讲过自己女儿的故事，说明过早认字对孩子的影响。

她说，基于对心理学知识的了解，她和丈夫从来不曾教学前的女儿识字。

女儿五岁多时，她带着女儿和她的同班同学去自然历史博物馆玩。玻璃展窗里有各种各样的动物标本和逼真的环境模型。当他们一起走到一个蚯蚓的展窗前，女儿的同学立刻开始流利地读起了上面写的各种文字标签，对那些在复杂的洞穴系统里呈现千姿百态的蚯蚓毫无兴趣，而大字不识的女儿则惊呼："你看那只蚯蚓！再看这只！"

后来，她回忆女儿的成长经历，说女儿不认字时，在公园里玩，特别爱抠土里的虫子、小蚂蚁，看别人的狗，听主人说自己狗的爱好和习性。

但是一年级开始认字后，走在路上她总是被各种有文字的招牌吸引，不停地问"这个说的是什么"，观察周围事物的时间大大减少。

上小学二年级后，女儿突然就认得了很多的字，然后就开始读没有插图的系列小说了。

女儿十岁时，已经开始书不离手，等地铁，吃饭前，等朋友，几分钟的时间都要读上几页……

回顾女儿渐渐变成一个爱书人的简史，她一直暗自庆幸——幸亏女儿七岁前不会认字，她才有耐心欣赏绘本中优美无比的插画，自己也喜欢上了涂涂画画；

幸亏女儿七岁前不识字，在外面走动时，她才不是去看四处皆是的牌子上都写了什么，而是关注脚下的一个小小虫子，一片美丽树叶；

幸亏女儿七岁前不识字，她才有机会共享了数不清的优美故事和图画，度过了数不清的温馨夜晚。

正是因为这些亲密的亲子阅读时光，女儿才从小便把书和美好、幽默、温馨联系在一起，并让书像血肉一样，伴随着她的成长，长进了灵魂里。

当然，我们并不是说教学前的孩子识字完全不可取。

如果孩子对字天生敏感，而且异常坚决地主动要你教识字，告诉孩子的读音无可厚非，但我们要预防的是，为了识字而识字。

朋友F在一所蒙氏幼儿园做老师，她曾经和我说，她给班上的孩子读故事，有的孩子会马上抢过来，迫不及待地看插图，翻页，指着书中的小动物哈哈大笑；但也有孩子会机械地翻开书，条件反射似的开始读字。如果碰到不会的卡壳儿了，更不会通过上下文和插图去猜猜意思。

这两种孩子，到底未来哪一种会成为爱书人，我们可想而知。

所以，我们不是排斥孩子识字，而是说在教孩子识字之前，我们要认真想一想，什么才是根本——以阅读为目标，字就是阅读的工具，识字能帮助阅读；以识字为目标，书就成为识字的工具，让孩子离书越来越远。

3

说到这里，也许很多家长会比较关心，完全不教孩子认字，孩子上学后会不会跟不上？

关于这个问题，我之前看到过一则新闻：

杭州市某小学曾对一年级新生进行了一场综合素质调查，了解孩子入学前的情况。学校将一年级语文教材上、下两册生字表里的九百五十个字组成"2015级新生识字前测卷"。一年级新生被带到六年级的学哥学姐面前，一对一进行点读，读对了的字画一个圈。

调查结果显示：一般一个班里识字八百个以上的同学都有十个左右，占比约百分之二十五。识字两三百的学生数量最多。

看到这里大家也许又要焦虑了，你看，别的孩子都识字了，我家孩子不识字，肯定是要落后的啊！

但当时组织这项测试的老师说："这样的识字测试仅仅是摸底，主要是为了让老师了解学生的认字情况，根据孩子不同的认字程度进行学习指导。识字量大的孩子一开始学习，优势是很明显，有的到了高年级也会持续向好，但还有很多并不会一直出色，有的成绩甚至落到了后面。识字量多少带来的差异到了小学中段就不明显了，但那些具有良好的听讲习惯，有比较强的语感和富有想象力的孩子往往后劲更足。"

她曾经就带过一个学生，一年级识字量只有九十个，低年级并不出挑，但是到了三年级，一下子就变成年级综合前几名。

这位老师的话，也恰好印证了儿童心理学、人类认知发展理论开创者皮亚杰的观点：人类基因赋予了孩子们一个发展各种能力的时间表。就是说大约什么时候走路，说话，懂得数字的含义，解决抽象问题，了解别人意图，学习游戏规则，这是人类基因里已经设定好的。

前段的发展是为后面阶段的发展做准备，后面阶段想达成的行为在前面阶段是以不同的行为能力作为铺垫的。

这一观点给我们的启示就是：在育儿的过程中，我们要采取发展观。

幼小的孩子是从游戏中学习的，强迫性学习无法保留在精神上。

如果在应该发展某种基础能力的阶段，让孩子转移注意力去攻克下一阶段的目标，孩子既攻克不了那个超高目标，又耽误了目前这一阶段的发展。

等到下一阶段，别的孩子因为有了前一段的发展基础，顺理成章地轻易攻克了现阶段的目标，那个曾被拔苗助长的孩子却因为前阶段形成的漏洞而徘徊不前。

写到这里，相信你我都应该已经明白——在孩子正式上学之前，也许，我们永远应该问的问题是：怎样让我的孩子成为爱书的人？而不该问：怎样让我的孩子认更多的字？

事情原本就是这样，当我们放下焦虑，放下功利心，就会发现，和孩子一起读书是世界上最快乐的事。

比如现在，每天晚上，当孩子们洗漱完毕，捧着自己挑选出来的图书，我们三人欢欢喜喜地跳上软软的床铺，钻进软软的被窝，彼此肩靠着肩，头挨着头，我用心用情讲着一个又一个有趣的故事，而孩子们眼睛里则永远透着好奇而快乐的光。

每当这时，我都会觉得，无论外面天气是阴晴雨雪，环境是安静或杂乱，那个小小的被窝呀，就是全世界最幸福的地方。

那天，女儿给了我一个差评……

前两天，小笼包幼儿园放学后，我把她接到了工作室。

我一直在忙，她就在一旁自己玩着。不知道过了多久，我猛一抬头，顿时被眼前的景象惊呆了——满地的碎纸屑、花生皮，墨盒里的墨汁被倒进了花瓶里，而花瓶里的花连尸体都不见踪影……

本来已经忙到头昏脑涨了，那一刻，我觉得我简直就要原地爆炸！

我瞪起眼睛，运足了气，厉声呵斥小笼包马上收拾干净。

而本来玩得正陶醉的小笼包，大概被我吓蒙了，一下子愣在了那里，两只小手不知所措地揉搓着衣角，嘴巴耷拉着，一副想哭又使劲儿憋回去的样子。

其实，发完火的瞬间，我就有点儿后悔了。

孩子其实也没什么错。四五岁，本来就是一个容易玩到忘乎所以的年纪，我这么大的时候，有一次和表妹玩海盗游戏，还不是把奶奶家的纱窗拆了？

但就在我拼命让自己冷静下来的时候，偏偏一扭头就又瞅见了满地狼藉，于是熊熊怒火按都按不住地又汹涌而来："小笼包，还愣着干吗？听不懂妈妈说的话吗？还不赶紧收拾！"

这时小笼包眼泪已经掉下来了，嗖地蹲下身去，一边抹着泪，一边开始往垃圾桶里扔果皮和碎纸。

看到小笼包抹眼泪了，我心里也不是个滋味。

但手头还有很多事情没有做完，所以也没想太多，便兀自低头继续忙了起来。

忙起来就忘了时间，也不知道过了多久，突然听到小笼包竟然在唱歌。

我抬起头，看到地面和桌面都已经被清理干净，在桌子对面，小笼包正拿着把小剪刀，一边哼着儿歌，一边咔嚓咔嚓地剪纸。

看到我看她，便冲着我咧开小嘴嘿嘿地笑。

我心里一软：孩子真的爱我们比我们爱他们还多吧！要不然为什么我刚才那么凶她，她现在却对我笑，一点儿都不记仇不生气。

正当我在心里盘算着一会儿怎么安慰补偿一下她的时候，这只小笼包突然凑过来，神秘兮兮地对我说："妈妈妈妈，我要送你一个贴纸。"

我还没反应过来，胸前便被贴上了一个红红的叉号。

我问："这是什么？"

小笼包歪着脑袋："叉号！"

"为什么给我贴叉号！"

"因为妈妈刚才发火了，所以给你贴一个叉号，代表差评！"小笼包字正腔圆地回答。

我忍不住一哆嗦，刚才还说这只小笼包不记仇呢，结果立马就啪啪打脸了。

我试图解释："刚才妈妈说你，语气的确有点儿不好，声音也确实大了一些，可是，那是因为你把妈妈办公室搞得太乱了呀，这就差评了啊？我要申诉！"

小笼包皱着眉，耸耸小肩膀："反正发火的妈妈就只能得叉号了，温柔的妈妈才有'对号'！不过，你还是个好妈妈，只要你改掉大吼大叫的坏毛病，我就给你发'对号'！"

听完，我哭笑不得，叹口气，点点头："好吧，我努力。"

那天，我一直忙到晚上9点多，小笼包就在旁边做手工、画画，一直陪着我。

就在收拾东西准备回家的时候，小妞又一脸神秘地跑到我跟前，把之前的叉号摘掉，给我胸前重新贴了一个小贴纸。

这次，是"对号"！

"这是给妈妈的奖励，我不生妈妈气了，妈妈工作很辛苦。"小笼包一边说着，一边哈欠连天。

我看着她困到几乎睁不开的眼睛，突然鼻子酸酸的，那一刻，我真想对她说："陪妈妈加班，你也辛苦了。还有，今天吼你，对不起。"

可话到嘴边，又咽了回去，只是紧紧把她揽进了怀里。

我想，即使我不说，她也一定懂。

回家的路上，小妞在我怀里沉沉地睡着了。

我抚着那颗毛茸茸、香甜甜的小脑袋，再低头看看胸前那个打着对钩的小贴纸，好像暗夜里一颗闪闪发亮的星星。

我想：也许这就是"妈妈"和"孩子"最好的含义吧！

对于妈妈来说，养育孩子的日常，可以说每一天都是一场考试。从吃喝拉撒睡，到孩子的调皮、捣蛋、撒娇、任性……细枝末节的琐碎都是考验。妈妈不是超人，所以很难每次都拿捏精准，偶尔也会焦虑、烦躁、大发雷霆。但无论我们这些个做妈妈的有多不完美，只要我们张开双臂，孩子们就一定会毫不犹豫地向我们飞奔过来。也正是因为孩子们的这种毫无条件的爱和信任，才会让我们停下脚步，勇敢检视自我、修正自我，然后，牵着那双小手一起向前走，活出更好的自己。

所以，谢谢你啊宝贝，感谢你所有的好评，以及差评，让妈妈在育儿的路上不停地修炼出更好的自己。

很高兴遇见你，此生请多多指教。

孩子，世界或许并不简单，我还是希望你善良

1

昨天下午，接小笼包放学，小姐想吃糖葫芦。

给小姐买糖葫芦的时候，我突然发现小店里竟然还有蜜汁黄桃。

看着那鲜艳饱满的黄色果肉，还有晶莹透亮的汤汁，我的馋虫瞬间被勾了出来，于是，我大手一挥，豪气地喊："老板，给我来二十块。"

老板是个四十多岁的大姐，一边给我包着糖葫芦，一边回应："姑娘，我觉得你买得太多了，你应该少买一点儿。"

大姐的话直接把我说蒙了，怎么这做生意还有嫌买卖大的？

看我一下子愣在那里，大姐笑着继续说："我啊，是担心你买太多，今天吃不完。我们这是纯天然无添加的，最好是现吃现买，不要过夜。"

我一下子明白了过来，感激地点点头："真是太感谢您的提醒了，不过我家里有两个宝宝，宝宝的奶奶还有我，都爱吃，您说我先买多少呢？"

"我觉得啊，你先买十块尝尝，看孩子们爱不爱吃，喜欢

吃了明天再来。"

我赶紧点头，表示赞同和感谢。

大姐帮我盛完黄桃后，一边往包装盒里多舀了好几勺黄桃汁，一边笑着说："我听你说你们家有两个宝宝，所以我给你多舀点儿汁，孩子们都爱喝这个。"

就在我看着大姐的笑脸，感觉心都要被暖化了的时候，大姐又继续说："我给你多放了一套碗勺，这样每个孩子都有，不会打架。"

那天回家，看着小笼包和弟弟一人抱着一个小碗吃黄桃吃得不亦乐乎，我也捏了一块放嘴里，那真是一种从未有过的甜。

这个世界或许鱼龙混杂，总有一些人，用他们的爱和善良，给我们不期而遇的温暖。

2/

前两天，和小笼包一起读小公主系列的《我要成为》，小公主有一天量身高，觉得自己长高了。于是她想，长高了，长大了，那自己就应该和小时候不一样了。

"我应该是什么样呢？"

她带着这个问题，去问大家——

妈妈说她应该和蔼可亲，爸爸说她应该爱心满满，厨师长说她应该整洁干净，陆军上将说她应该英勇无畏……

读完这个故事，小笼包歪着脑袋问我："妈妈，我长大了应该是什么样？"

看着她亮晶晶的眼睛，我回答："如果只能选一样，妈妈希望你无论遇到什么样的境遇，都能始终不放弃希望，保有善良。"

小笼包仰起小脑袋："妈妈，什么是善良？"

看着眼前这个小小孩，我竟一时语塞，该怎么回答呢？

想了一会儿后，我给小笼包讲了一个故事。

"妈妈小时候，因为学习很努力，所以成绩一直很好，高中毕业的时候，以600多分考上了一所重点大学。妈妈当时好开心啊，可这种开心没有维持多久，便陷入了深深的忧愁。上大学需要学费，这是一笔不小的数目。可是，妈妈没有钱。

"在那些为学费发愁的日子里，妈妈总能看到妈妈的奶奶，捧着妈妈的录取通知书，坐在床边整夜整夜地掉眼泪，心里真是既难过又自责。后来，妈妈听同学们说，可以办理助学贷款，就是先向银行借钱，等以后大学毕业上班赚钱了再还给银行。这真是个令人欣喜的消息啊！但问题又来了，妈妈并不知道这助学贷款具体该怎么办理。那时候，妈妈很喜欢听广播，每天晚上，都是听着广播才能睡着。

"一天听广播的时候，无意中听到主持人说：'今天大家可以随便聊聊，有什么快乐或者困难都可以交流分享。'妈妈突然想到，我可以问问主持人怎么办助学贷款啊，主持人见多识广。于是，抱着试试看的态度，妈妈打了个电话。没想到的是，主持人在接完妈妈的电话后，第二天就来到我们家里。再后来，电台就开始无偿资助妈妈读大学，直到妈妈大学毕业。

"这个电台当时的领导，是一个很漂亮的阿姨。那个主持人呢，是一个看起来有点儿坏坏的光头叔叔。他们在妈妈大学毕业前后，都陆续离开了那个电台，但他们对妈妈的关心，一直都在延续。

"妈妈当时找工作，他们帮着出谋划策；妈妈和爸爸结婚时，他们带着满满的祝福隆重出席；甚至你出生后，他们还来看你，给你包了大大的红包……

"可以这么说，如果没有他们，就没有妈妈的现在。而他们做这所有的一切，都不求任何回报，不带任何目的，只是因为两个字，那就是'善良'。

"所以，你刚才问妈妈，什么是'善良'，妈妈现在就告诉你，'善良'不是应该，也不是必须。你若做了，别人会感谢你、赞美你；你若不做，论谁也无可奈何。但正因如此，善良才无比珍贵。这是一种发自内心的、难以抑制的慈悲与正直，这种慈悲与正直，使你愿意为他人的快乐而快乐，愿意为他人的苦难尽力而为。

"所以，妈妈一直觉得世界上最厉害的人，不在于他们做出了多么伟大的成绩和贡献，而在于他们永远保有一份善心和勇气，会在别人需要的时候，说一句公道话，行一个方便，或者伸手拉一把。哪怕知道最后的结果他们改变不了，他们依旧会伸出双手，尽心尽力地让事情走向更好的方向……"

那天，我一直讲到泪湿眼眶。我不知道我的这番话，五岁的小笼包能听懂多少，我只是清晰地记得，她紧紧地握住了我的手。

3

后来又一天，我收到了一段视频——这是一所特殊教育学校的语文老师发来的视频。

视频里，那些有视力障碍的孩子，正在跟着小笼包和爸爸的声音，大声诵读着《笠翁对韵》。

老师还专门对我说，其中一个多重残疾的孩子（自闭症+全盲），平时上语文课，他只是旁听，很少参与课堂教学活动，只是偶尔才开口跟读，没想到在多次听小笼包的《笠翁对韵》后，他也会背了，这让她感到特别惊喜。

我把这些视频拿给小笼包看，对她说："你看，我们的声音，已经传到了那么远的地方，就像一双明亮的眼睛，带着这些视力有障碍的小哥哥小姐姐，去看这个五彩斑斓的世界，这是不是很棒？！"

小笼包没说话，只是点点头，眼睛有点红红的。

看完视频的那天晚上，睡觉时，小笼包突然坐起来，拍拍我的胳膊，一本正经地说："妈妈，明天你一定要继续教我读《笠翁对韵》，因为我想读给小哥哥小姐姐们听。"

一瞬间，我心里热乎乎的。

所谓善良，是一个人心怀善意，并且愿意把这份善意落实为善行。亲爱的孩子，我想，不管未来这世界怎样变迁，我还是希望我们都能成为一个小小的光源。哪怕最后注定是黑暗，哪怕我们自己的光只有小小一点，但至少我们一直在发光。

唯有这样，我们才能回报这个曾在我们需要时点亮过我们的世界。

有个如此内向的娃，我也是很"绝望"啊

1

昨天，应包子老师的邀请，我们去幼儿园给小班的小朋友做亲子阅读的分享。

刚接到分享会邀请，我们就征求小笼包的意见，愿不愿意现场给小朋友们讲一个故事。

小妞双手双脚举起来表示愿意，还主动说要讲她最近特别爱的《我的幸运一天》。

我听了简直欣喜若狂，因为小笼包一直属于比较内向慢热的孩子。尽管她会讲好多好多故事，但每次班上老师热情地邀请她给小朋友们讲的时候，小妞总是低下头，嘴里挤出两个字："不要。"真是一点儿面子都不给！

平时看老师发在班级群里的小朋友们上课的视频，当其他小朋友都争先恐后地举手回答的时候，小笼包总是无比淡定地坐在那里，微笑着看着大家，一副"热闹是你们的，与我无关"的模样。

我试着问过她："老师的问题，你是都不会回答吗？"

小笼包说："不是啊，我会的。"

"那你为什么不举手呢？"

小笼包慢悠悠地回答："我不想让小朋友们给我鼓掌。"

听完，我下巴差点儿掉地上，这到底是个多奇葩的姑娘！

所以，这次，当这只内秀的小笼包告诉我她愿意在大家面前讲故事的时候，我别提多么激动开心了。

我专门去网上淘来了表演时穿的服装，小笼包是粉小猪的，我的是狐狸的。

有了衣服，小妞兴致更高了，一回家就喊着要排练。后来，就连我们录这个故事的音频时，妞也要穿上，穿上后，果然一秒入戏，故事讲得更好了。

2/

一晃就到我们去幼儿园里做分享会的时间了。

你是不是也和我一样，觉得认真排练了这么久，演出一定会很成功？

我只能说，理想很丰满，现实很骨感。

那天，当我们到幼儿园的时候，小班的小朋友和家长们已经坐得整整齐齐了。

小笼包一看这阵仗，立刻抱住了我的大腿："妈妈，我有点儿害羞。"

其实在小笼包抱我大腿的那一刻，我就有种不好的预感了，看着她那张纠结的脸，我内心瞬间有一万匹马奔腾飞过：这不是你自己说要来讲的吗！说得好好的，现在事到临头，居然想打退堂鼓！坑爹坑娘也不带这么玩的……

尽管脑袋里已经开始绕线，但我知道，此时此刻，万万不能乱了阵脚，于是我开始佯装镇定，尝试鼓励她："小朋友们都很喜欢小笼包讲的故事，你就和在家里时一样就可以啊！

"有爸爸妈妈陪着你，我们三个一起，好不好？"

……

到底还说了什么，其实我现在已经记不清了。

我只记得我说了很久很久，然后，就在我说得嗓子都要冒烟几乎就要崩溃的时候，小妞终于点头答应上台了。那一刻，我真是长嘘一口气。

分享会正式开始了。

包子爸几句简单的开场白后，就进入了我们一家讲故事的环节。

《我的幸运一天》里，小笼包演小猪，我演狐狸，包子爸读旁白。

包子爸读着："一天，一只饥饿的狐狸正准备出门找午餐，在它修爪子的时候，忽然，门外传来了一阵敲门声……"

随着包子爸的旁白，我坐在小板凳上，一边假装修剪着我的爪子，一边等着小猪敲门。

这时，意外发生了，我左等右等，等得脖子都快断了，那只小粉猪却迟迟不肯上台敲门。

台下乌泱泱一片观众。本来天就热，我还戴着厚厚的狐狸头套，这一下，我的汗直接就流下来了。

眼看冷场了，我只能先给大家鞠躬道了个歉，然后走下台，蹲在小笼包面前："小笼包，该你出场了呀！"

小笼包："妈妈，我害怕！"

我："那你能告诉妈妈吗，你怕什么？"

小笼包："怕小朋友们笑我。"

我："哦，你怕小朋友们笑你。"

小笼包："嗯，我怕你一会儿把我扔进烤炉，小朋友们会笑我的。"

因为在家排练的时候，这个环节，我们设计的是我要把小笼包抱起来，然后假装扔进烤炉里。可当时在家演到这儿时，小笼包明明很开心啊，还哈哈哈哈地笑到停不下来，怎么现在这个桥段就被嫌弃了呢？到底是我脑子转得太慢，还是这世界变化太快？

我只能继续尝试鼓励："那这样，我们把这个动作取消，讲到那里的时候，你还坐在小板凳上。妈妈不把你抱起来，不做扔的动作，可以吗？"

小笼包："真的吗？"

我："当然是真的啊！那如果我们取消这个动作，你还愿意上台给小朋友们讲故事吗？"

小笼包点了点头。

我擦了擦额头的汗，重新上场。

包子爸重新开始读："一天，一只饥饿的狐狸正准备出门找午餐，在它修爪子的时候，忽然，门外传来了一阵敲门声……"

然而，包子爸话音刚落，我就想哭了。因为，那只小笼包又没上来。

那一刻，我才真的意识到什么叫宁愿相信这世界上有鬼，也不能相信小屁娃的那张嘴。

小笼包不肯上来，可我不能让台下这么多人这样一直等啊！我想，我得赶紧想个救场策略。

分享会的第二个环节是我个人关于亲子阅读的一些感悟体会分享。于是，我决定把故事会这个环节暂停，把第二个环节提前，在我做分享的时候，让爸爸去安抚、鼓励小笼包。

我当时已经做了最坏的打算，如果小笼包今天就是不愿意上场了，那只能彻底放弃，做完分享后，故事就由我和包子爸爸来完成。

没想到的是，就在我刚刚开始分享的时候，小笼包竟然又跑上了台，她拉着我的胳膊，要求给大家讲故事。

我问："你真的决定给大家讲故事？想好了，可不能再变了，小朋友们都等着呢。"

她点点头，说："不过我想爸爸陪着我一起。"

于是，我和小笼包挨着坐在小板凳上，爸爸蹲在一旁，开始按分配的角色讲这个故事。令人惊喜的是，讲了三四页后，小笼包开始慢慢地融入了角色，讲得越来越好。尽管之前排练的那些动作统统没有用上，但我们终于完整地演绎了这个故事。

台下的家长和小朋友们给予了最热烈和真诚的掌声，我拉起小笼包的手向大家鞠躬致谢。

这时候我才发现，自己的手心已满满都是汗，那种紧张，真的超越以往我参加的任何一场考试。

3/

活动结束后，一位妈妈给我发微信，说这次分享会，除了亲子阅读方面的收获外，让她最感动的，是我们对小笼包的包容和耐心。

她当时坐在台下就想，如果那是她的孩子，她可能做不到这样耐心。

我回复她："其实，当孩子不愿意上台的那一刻，我的内心也几乎要崩溃了。但我知道，她是我们的孩子，她就是这个样子，那一刻，我们除了完全接纳她，努力鼓励她并接受最坏的结果，真的没有更好的办法。所以，这种宽容耐心，何尝不是一种无奈的选择。幸运的是，当我们尝试了完全接纳后，小笼包给了我们一个happy ending。"

我说的是真心话。小笼包的性子妥妥随了爸爸，一直是内向谨慎型。她在熟悉的人面前很热情、很开放，能说会道，但是只要到了陌生的环境，或者人很多的地方，她便变得谨小慎微，像一只小乌龟，开始往回缩自己的小脑袋、小尾巴。

曾经，我觉得小笼包之所以会这样是因为从小生长的环境太简单，生活太单调了，所以绞尽脑汁希望能改善。我带她去见不同的陌生人，接触各种陌生环境，上各种早教班……

我清楚地记得，上早教的第一堂课，小笼包光顾着盯着我看，只要我稍微离她远一点儿，她就紧张地靠过来，好像生怕我丢了一样。去了两三次后，她的状态略微好了一些，但是她大部分时间还是喜欢在一旁观看，不愿意参与。直到我们上了大概有五六次课之后，她才终于结束观察，从旁观走向了参与。可这并不代表我的改造成功了，因为，虽然小笼包开始慢慢融入早教班老师与小伙伴们的活动并陶醉其中，但接下来只要换一个陌生环境，她依然是老样子，慢热，而且胆怯。

有一段时间，看到小笼包的状态，我特别焦虑，担心她这样的性格，未来无法很好地融入集体和社会，更担心她因此丧失很多宝贵的机会。直到后来，我接触到了儿童心理学，才豁然开朗。

原来，所谓内向和外向，在心理学上叫"气质"，和后天环境没有太大关系，而是从受孕那一刻就决定了。之所以会有内向、外向的不同回应方式，是源于我们对刺激的敏感程度不同。外向的人往往倾向于寻求更多更强的刺激，因为他们不够敏感；而内向的人则更倾向于避免更多刺激，因为他们更敏感、更容易对刺激产生反应。这是每个人与生俱来的气质，所以，我们对内向孩子的所有"改造"工作，基本上不可能会成功。

更重要的是，如果我们不顾孩子的感受，执意"改造"他们，很可能会导致负面的效果：孩子们会处于很大的压力中，认为自己不被爸爸妈妈接纳，不是个好孩子，真没用，怎么努力都达不到父母的要求。一个充满自我否定的孩子，又怎么可能获得足够的自我价值感，又怎么可能自信地面对这个世界、拥有幸福美好的人生呢？

4/

当我明白了这一点后，我意识到，面对内向谨慎型的小笼包，我唯一能做的事，就是不批评、不否定，给予她完整的接纳和耐心以及及时的鼓励。

具体到操作层面就是：

首先，完整地接纳孩子，不去强求改变，更不能逼迫孩子、贬损孩子、打击孩子。

其实关于这一点，给我感悟最深的，是曾经和小笼包一起读的一本绘本《爱花的牛》：

故事的主角是一头生来就要去搏杀的西班牙斗牛，他对人生有自己的想法。

"其他的公牛爱跑、爱跳、爱抵角，只有费迪南不喜欢。他喜欢静静地坐着，闻着花香。牧场外的那棵栎树下，是他最喜欢的地方。他可以一整天都坐在树荫下，闻着花香。"

费迪南的妈妈不免有些担心：他为什么不喜欢和大家在一起呢？他为什么不做大家都喜欢做的事呢？他有心理问题吗？他长大了怎么融入社会呢？

所以她走到树下，建议儿子和大家一起玩耍，但费迪南摇摇头："我更喜欢静静地坐着，闻闻花香。"

"他的妈妈是个善解人意的妈妈（尽管她是牛妈妈），她看到费迪南不觉得孤单，就由着他自己待着，自得其乐。"

后来，费迪南慢慢长大了，看起来是一头凶猛的斗牛，他被选中去参加斗牛比赛。让所有人意外的是，在角斗场，费迪南却坐下来，静静地开始闻花香。

最后，费迪南并没有像其他牛那样成为英勇善战的斗牛，而是被送回了家乡。

直到现在，他"依然坐在他心爱的栎树下，静静地闻着花香"。

费迪南选择了他的人生，故事最后的一句话是："他过得很幸福。"

读完这个故事，我特别感动。看起来内向不合群的费迪南，虽然最终没有成为一头斗牛，但他成为了一头无比幸福的牛。究其原因，很重要的一点就是，他有一个足够好的妈妈。

妈妈完全接受了费迪南本来的样子，像一面镜子一样，映照出他的全部心灵，在妈妈的爱和鼓励下，费迪南成了完整的自己。

当孩子可以从父母这里汲取能量和支持时，一定可以更好地面对这个世界。所以，这种对孩子完整的接纳，也许是我们做父母的最需要向牛妈妈学习的事情。

其次，允许孩子慢慢来。

内向型的孩子在接触新事物、陌生环境、陌生人时通常比较谨慎，需要有一个观察与适应的过程，只有在他们确认所处环境、人群及所接触的新事物很安全，不会对他们构成威胁的时候，才会试探性地接纳一切。接纳了这一切，他们才会从旁观走向参与。

对这种类型的孩子来说，旁观有着特殊的意义。只要他们开始观看，说明他们已经对相关活动产生了兴趣。旁观是他们参与的前奏。

因此，当他们进入陌生环境、接触陌生人的时候，我们最好不要急于让他们融入，允许他们先保持一个安全的距离去观察、体验。只要我们不给他们施加压力，他们就会很享受地去观察周围的环境及其他人的活动，一旦做好了心理准备，他们就会慢慢融入。

就像小笼包在分享会上，经历了前后三次的观察、体验，最终还是完整地完成了故事。但如果第一次退缩的时候，我不是选择尊重她，而是硬逼她上，后果不堪设想。

再次，尝试在规律的生活中适当融入一点点变化，带给他们一些小小的意外。

内向谨慎型的孩子，做事情一般比较有规律，秩序感强。所以我们平时最好是保持相对规律的作息时间，保证他们的生活环境不会发生太大的变化，让他们觉得一切都在可控的范围内。然后，在这个基础上，适当融入一点点变化。

为了让他们更好地接受这种变化，我们可以事先给一些提示，让他们有个心理准备，因为有提示在先，他们可能会更容易接受这种变化。

当然，我们也可以人为地将这种变化与他们熟悉的一切关联起来，有了这种连带关系，孩子就会比较容易放松下来。当他们很放松时，对外部环境就会放下警惕，自然可以更好地融入。哪怕只是偶尔的放松和融入，孩子也会有意外的收获。

最后，也是非常重要的一点，就是一定要改变我们的认知：内向不是缺点，内向的孩子也有春天。

因为内向的人，对事物的感受力往往比较强，他们内心细腻、丰富。这种特质可能成就他们，让他们在某个领域独树一帜。

我们所熟知的大人物，不乏个性内向的人，比如比尔·盖茨、马克·扎克伯格、幽默大师卓别林、股神巴菲特等。

让我印象最深的是比尔·盖茨的一个访谈，当比尔·盖茨被问到怎么在外向的世界成功时，他说内向的人可以花好几天去想一个棘手的问题，强迫自己想出这个领域的最边缘处在哪儿，并能阅读任何能为自己带来好处的文章。

所以，如果你稍微留心就会发现，我们的生活中，很多内向的人都是特别优秀的作家、艺术家。

外向的人往往走情绪，内向的人才能走心啊！

5/

再说回小笼包的幼儿园演出事件。

那天演出结束后，我和包子爸约定，晚上回家，谁都不主动提演出中的那些小插曲，而是召开一个家庭会议，在家庭会议的致谢环节，感谢小笼包今天的努力。

晚饭后，家庭会议如期召开，致谢环节，我首先上台说感谢小笼包今天和妈妈一起上台，给小朋友们讲了那么好听的故事；

接着爸爸上台，说感谢小笼包把小粉猪演得那么可爱，给每个人都带去了欢乐和笑脸……

小笼包开始只是一直捂着嘴腼腆地笑着，没想到轮到她致谢的时候，她竟然说的是："感谢爸爸妈妈今天陪着我去幼儿园讲故事，希望下次还能和爸爸妈妈一起上台讲故事。"

那一刻，我和包子爸面面相觑，心里大呼：天哪，饶了我们吧！和小笼包一起讲故事，是这世界上最刺激的事情，没有之一！

再来一次，我们可能考虑考虑！

因为看电视，我第一次和婆婆红了脸

1

熟悉我的人都知道，我自从结婚后，就和小笼包的奶奶生活在一起。

一起七年多了，不能说磕磕碰碰没有，可从来没有正儿八经红过脸。但就在前几天，我当真生了一次包子奶奶的气。

事情是这样的：

上个月，我出差比较频繁，前前后后大概十来天。当我从北京学习回来后，突然发现弟弟成了电视迷。每次我下班回到家，小家伙都在目不转睛地盯着电视机看。

让弟弟如此入迷的是动画片《汪汪队》。说实话，《汪汪队》是一部还不错的动画片，所以我安慰自己，小孩子嘛，总得看点儿动画片，不然，岂不是过了一个假童年。

可持续了几天后，我越来越觉得不对劲。以前一见到我，弟弟总是第一时间跑过来，钻进我怀里，要抱抱、要亲亲，或者抱着书蹦跳着跑过来，让我给他讲大卫，讲鼠小弟……可现在，在电视面前，我仿佛变成了空气。

有一天我下班回去，我叫他："圆圆，妈妈回来了！"

没回应！

我摸摸他的小脑袋："圆圆，妈妈回来了呀！"

依旧没什么反应。

我终于忍不住问包子奶奶："他看了多久了？"

包子奶奶一边包着饺子，一边回答："5点就开始看了。"

我一听就急了，因为当时已经晚上7点半了。也就是说，弟弟已经在电视机前，这么一动不动两个多小时。

"妈，我不是说过最好别让他们看电视吗？"

包子奶奶听到我嗓门儿有点儿大，也有点儿急了："孩子非要看啊！不让看就哭，我也没办法啊！再说，不就是看个电视嘛，没见过谁家孩子看电视看傻的。"

听完包子奶奶的话，我一下子愣住了。从小笼包小时候开始，我就给包子奶奶晓之以理，动之以情地讲长时间看电视对这么小的孩子有百害而无一利，没想到，在包子奶奶心底，竟然还是这么无所谓的态度。

一瞬间，失望、焦虑、烦躁……各种不好的情绪统统涌了上来，我感觉我快被气晕了。

"妈，你这么说就不对了呀！首先，你说他要看你没办法，这好像不合情理吧。我们是大人啊，大人怎么能被孩子控制住！有些事情对他不好，我们就得想办法去引导，肯定不能是他想干什么就干什么啊！其次，让这么点大的孩子这么长时间地看电视，真的没有一点儿好处，看久了真的会变成傻瓜的。"我一边愤愤地说，一边把手中的杯子重重地放在桌上。

就在我放杯子的同时，包子奶奶也沉下了脸："只是看了个电视而已，你至于发这么大的脾气吗？你不让看，以后就不看了。"说完，扔下包了一半的饺子，扭身进了卧室。

2/

这回，包子奶奶真的生气了。

可我心里也委屈得很，感觉满肚子理没处讲，就像秀才遇到兵。

关于孩子长时间看电视这件事，还真不是我危言耸听，它的危害之严重，可不仅是伤害视力这么简单。严重到在《朗读手册》——这本被誉为儿童阅读指导经典的书里，作者专门用一大章来讲述长期看电视和阅读书籍孩子之间的差异。

比如，长期看电视的孩子注意力往往比较差。因为一般给孩子们的节目，时间都是被切割成一段一段的片段，三分钟到十分钟不等。这样的分割，使孩子们只需要短时间集中注意力就可以了。而孩子在阅读书籍时，则需要长时间地集中注意力。而且越是优秀的童书，越是可以持续地吸引孩子的注意力。

再比如，看电视多的孩子习惯不假思索地接受信息，懒于思考和探索。电视为了吸引观众，每一段都要尽量制造些高潮；书的内容虽然也提供吸引读者的高潮，但并不像电视那么多，反而是对于其中的角色有比较本质和深刻的描写。所以，长时间看电视的孩子，往往很难静下心来去慢慢体验和感受书中的细枝末节以及背后的思想。

还有，看电视多的孩子人际交往能力差。对于年龄较小的孩子而言，看电视是一种不用社交的经验，而阅读则需要与人互动。一个两三岁大的孩子坐在电视机前，被动地接受信息，很容易忽略身边发生的事。就像开头弟弟看电视时，我叫他，摸他的脑袋，他都没有任何反应。这么大的孩子在看书时，往往会有父母、哥哥姐姐或爷爷奶奶陪在身边，读给他听，他可以在故事进行时或看完书后参与讨论。这时，孩子并不只是接收信息而已，他本身更是个参与者。所以，从这个意义上来说，看电视还会阻碍孩子的语言发展。因为看电视剥夺了孩子学习语言最重要的课程——与家人的对话，而语言学习是需要通过交流来实现的。

除此之外，还有很重要的一点，长期看电视或电子产品，会阻碍孩子想象力的发展。

以下面的故事为例：

"有一片草地，以前还有奶牛来吃草、马儿来溜达。沿着草地的边缘，立着一堵老旧的石墙。在石墙里面，就在离牲口棚和谷仓不远的地方，住着爱说爱闹的小田鼠一家。可如今农夫们搬走了，牲口棚废弃了，谷仓也空了。眼看着冬天已经不远了，小田鼠们开始采集玉米、坚果、小麦和禾秆。从早到晚，它们全都在忙活——只有一个例外，就是阿佛。"

当我们什么都不拿，空口绘声绘色地讲述这样一个故事，聚精会神听着的小朋友大脑中就会浮现出一幅细节丰富的画面，包括绿绿的草地，来吃草的奶牛，来溜达的马儿，老旧的城墙，还有爱说爱闹的小田鼠一家。

想象丰富的孩子们还会想，小田鼠们怎么采集玉米、坚果，用的什么动作，是爬到树上吗？几只小田鼠是怎么分工合作的？哎？阿佛为什么是例外啊！

没有任何外界视觉刺激，孩子完全是通过自己的大脑把抽象的文字转换为形象的图片。他们的大脑得到了最大限度的刺激，抽象思维能力和想象力得到了最强的挑战。

同样的故事，如果我们拿着一本绘本来读给孩子听，我们读着文字，孩子们看着与文字相对应的图画，虽然大脑对语言的处理没有之前那么积极，因为孩子们不必完全依赖语言去理解故事了，但大脑多了视觉享受和视觉刺激，这又将培养孩子关注细节的能力和对美的感受。

但如果这一切以动画片的形式展示出来呢？

在孩子面前展现出的是动态形象具体的画面，孩子只需要坐着看就好，大脑根本不需要再去忙着处理语言，去想象画面，更别说其他的思考和联想了。

美国儿童心理学博士陈鲁女士曾说过：

呈现在孩子面前的东西越具体，孩子就越不需要动脑，孩子的行为就越被动。当孩子一开始就大量接触不需要太动脑就能产生的娱乐，大了之后，他就不容易对动脑量大的活动产生兴趣。

这和体力劳动是一个道理。一个人常年养尊处优，一下被要求去干繁重的体力活儿，肯定很痛苦。

3

那天晚上，我和包子奶奶都气鼓鼓的。

不过，包子奶奶在卧室休息了一小会儿后，还是出来继续包完了剩下的饺子。

饺子是我最爱吃的韭菜肉馅儿，咬一口，满嘴香。

吃了两个饺子后，我突然意识到，包子奶奶今天是一个人带着弟弟，一下午还要择韭菜、剁肉馅儿、和面……想到这里，我已经开始有点儿内疚，但一想到孩子们看电视的问题，郁闷和气愤便又汹涌而来，于是我只是低头往嘴里扒拉着饺子，一句话都没说。

吃完饭，我带着娃们去洗澡。包子爸出差中，我在浴室里一拖二，简直鸡飞狗跳。

好不容易给姐姐洗完头发，弟弟已经从里面蹦了出来，光着屁股和脚丫就往外跑。

情急之下，我大喊："妈，快拿浴巾。"

包子奶奶就好像女超人般，简直是一秒钟就到达了战场，怀里还抱着浴巾和娃们换洗的干净衣服，三下五除二就把弟弟包成了一只小粽子，抱了出去。

我在浴室里，一边看着小笼包冲水，一边叠着包子奶奶刚拿来的小笼包的小睡裙，白白的、香香的，使劲儿嗅嗅，好像还有太阳的味道。那一瞬间，我突然想起来，这么些年了啊，姐弟俩所有的衣服，一直是奶奶手洗。

那晚，等孩子们睡着后，我决定去和包子奶奶道歉。不为别的，只为我是晚辈，只为包子奶奶帮我带孩子的这份不容易。

包子奶奶正坐在那里看电视（包子奶奶真的是个电视迷）。我拉了拉她的手："妈，是我不对，看电视的事情先抛开一边，作为晚辈，我不该那么冲地和您说话。"

刹那间，包子奶奶眼睛分明有点儿红了。

她停顿了十几秒，显然是在控制自己的情绪："我不是不知道看电视不好，可前两天，你俩都出差，我累了，才打开电视给他们看看解解闷，我也能休息一下。谁知道这老二，竟看上了瘾。"

听着包子奶奶的话，我心里像堵了一块大石头般难受——我都忘记了，前两天我们出差，包子奶奶是一个人带着两个孩子。

包子奶奶继续说："其实，我已经发现弟弟有点儿迷电视了，所以这两天其实已经不怎么给他看了。今天给他看，是因为想给你们包饺子。我剁馅儿，他一直捣乱，我才给他开了电视。"

这时，我已经内疚自责到极点——我想，如果换了自己，把老伴扔在老家，然后一个人帮着儿子儿媳辛辛苦苦带孩子，又是做饭又是洗衣服，每天还得上下七楼好几次，而儿媳妇不仅不领情，反而一通埋怨、发脾气……

苍天，要换了是我，估计就不是生个气不理人这么简单了，说不定已经甩手不干了！至少也得带上小包袱离家出走一次！

4

包子奶奶最终还是原谅了我。

我们也达成了一致，那就是，还是要严格控制孩子看电视的时间。

因为童年只有一次且不可逆，理应多姿多彩、更加有趣。

这件事，还让我对婆媳关系有了一些新的感悟——其实所有的婚姻里都会有摩擦，但极少会有那种惊涛骇浪的冲突。生活中更多的，不是《双面胶》里的你死我活，而是各家不同的小不自在。当我们面对这种小不自在，最重要的，是要努力跳出自己的思维局限。因为好多事情，我们用眼睛看到的，仅仅只是表面的冰山一角。想要了解真相，就需要我们放下冲动和争执的态度，以更加真诚的心，去沟通、去理解、去共情。

也许，我们每个人都要通过婚姻来成长，来懂得生活到底是怎样的柴米油盐，什么叫责任，什么叫宽容，什么叫见怪不怪吧。

就拿带孩子这件事来说，成长的时代背景不同，我们和老人在育儿的过程中一定会有诸多分歧。

但当你不喜欢老人带孩子的方式时，还是要想想，那到底是他们的亲孙子、亲孙女，你就算请十个保姆，有没有自家老人值得放心？

换句话说，只要老人能帮我们把孩子带周全了，身体健康，能吃能睡，已经是大功一件——毕竟他们也没有一定要帮我们带孩子的义务。

至于孩子的教育问题，那就是在温饱程度上的更高要求，理应动用更大的智慧，用更好的方法去寻求合作。

当然，也希望老人们能放下权威、控制的心态，多听听年轻父母的声音。毕竟孩子不是你们的，更不是我们的，他们只属于自己。

只有永远保有开放、与时俱进的心态，才能让孩子在未来真正成为更好的自己。

在这个过程中，没有谁是完美的，只要在大多数时候愿意彼此迁就、互相体谅，便已经很难得了。

第五章

放开手，站在你身后

零食就像禁果，越禁止越吸引

1/

每个周六，都是小笼包最开心的时候。

因为这一天，是我们家的零食日。在这一天，小笼包可以去超市尽情选择自己爱吃的各种小零食，然后填满自己的零食箱。

我们约定，这箱零食怎么吃、什么时候吃，全部由小笼包自己来决定。不过，有一个前提，就是首先一定要好好吃饭。

这个零食日，我们执行了大概两个月了。我惊喜地发现，小笼包真的一点一点在改变。现在的她，不仅不会在外出的时候哭着喊着买零食了，而且对于自己零食箱里的零食，什么时候吃、怎么吃，都有自己的规划。

有时我都不敢相信，就在两个月前，她还是一个随时随地都会就地打滚儿要"好吃的"的熊孩子。

真的，在我们家制定"零食日"之前，小笼包挂在嘴边的口头禅，永远都是"我要吃好吃的"。她好像总是对零食有着超乎寻常的渴望。出门逛大大小小的超市，最常见的戏码就是，她死命地拽着我或者她爸爸的胳膊，不买就不肯走。而只要这零食买回来，她便时时刻刻惦记着，跟在我们屁股后面磨着，恨不得一次吃光才痛快。

这乱吃零食带来的最大麻烦，就是影响正常吃饭。经常是眼看就要开饭了，可小笼包哭闹着要吃好吃的；或者因为惦记着一会儿要吃好吃的，直接就不好好吃饭了……而且这股劲儿一上来，任凭你好说歹说，都听不进去。

终于有一次，我忍无可忍地爆发了。

那天，包子爸爸做了小笼包平时特别爱吃的焖面。可左喊右喊，小笼包就是不过来。好不容易来到餐桌前了，却又扭鼻子又挤眼的，不肯好好吃。

我问："你不饿吗？"

她回答："嗯，不饿。"

我说："你不饿就别吃了。"

她点点头，跑开了。

本来一顿饭不吃也没什么，可让人生气的是，这边刚吃饱，把碗筷收起来，她那边便立刻开始了哼哼，吵着要吃威化饼干。

我问她："你不是说肚子不饿吗？"

"可我现在饿了。"

"可现在我们已经收了碗筷了，这样，下午我们早一点儿吃饭。"

"不行，我就要吃威化饼干。"

听到这儿，我才反应过来，好嘛，这个臭丫头，不吃饭，原来是惦记着吃零食。我是断然不能惯你这臭毛病的。

可被我拒绝后的小笼包，显然不死心，竟开始耍起了赖皮，躺地上一边踢腿，一边龇牙咧嘴地哭喊着。

其实当时我心里已经有点儿冒火星了，只是一直忍着，从客厅躲到了卧室。没想到这只赖皮的小笼包，竟又跟进来哼哼。最后我实在忍无可忍了，厉声命令她停下来。

可小笼包沉浸在自己的情绪里，哪里听得进去我的话，还是闭着眼睛一个劲儿地哭。

于是，我被彻底激怒了，把她拎起来，朝小屁股上啪啪啪就是三下。

2

自从当妈后，才真的知道，什么叫打在儿身，疼在娘心。

那天晚上，我辗转难眠。

我是真的想不明白，那些棒棒糖、冰激凌、饼干以及裹着各种花花绿绿包装袋的小零食，到底有什么魔力？

一旁的包子爸看我唉声叹气的样子，拍拍我的肩，问我："还记得亚当、夏娃的故事吗？"

我点点头，不过心里很纳闷儿，这和亚当、夏娃有什么关系？

包子爸说："你看，你说你知道《圣经》，但竟然不明白《圣经》里所传达的一个非常重要的信息，那就是，禁果常常因为被禁而变得更加吸引人。"

我突然一下子明白了包子爸想说什么。

小笼包是我第一个孩子，因为第一次当妈，所以从小笼包出生开始，我对许多事情都特别容易紧张，比如吃零食这件事。小笼包小时候我是严格限制她乱吃外面的零食的，即使偶尔吃一些饼干、面包，也必须是我亲手做的，没有任何添加剂的。至于糖果、冰激凌什么的，在小笼包两岁以前，更是碰都不让她碰。如果谁要私下给小笼包买这些，不管是包子爸还是包子奶奶，我都会一点儿面子都不给地翻脸。

于是，在我严苛的高压线下，小笼包"纯天然无添加"地长到了两岁，长得白白胖胖，甚是可爱。

后来身边越来越多的小朋友长了蛀牙，小笼包的牙齿却白白亮亮，特别健康，我就更加坚定地觉得，我的方向是对的，没毛病。

原以为日子会这样一直岁月静好地过下去，没想到这一切却在我怀老二之后，发生了改变。

从怀着弟弟四十多天开始，严重的妊娠反应便汹涌而来。所以，我每天不是在床上瘫着，就是在厕所抱着马桶吐，哪还顾得上小笼包！于是，当时还是猪队友的包子爸，便火速上了前线。

包子爸带娃的风格，怎么说呢？基本属于放飞型！

简单来说就是：我不让吃什么，他就给闺女买什么；闺女要什么，他就给闺女买什么。像什么薯条、炸鸡、棒棒糖、冰激凌之类，那都是有求必应。

最关键的是，带着小笼包大快朵颐后，还不忘嘱咐小笼包："回家别告诉你妈。"

所以，那段时间，我家的画风基本上都是这样的：小笼包蹦跳着跑回来，趴在吐到昏天黑地的我耳边，神神秘秘地对我说："妈妈，爸爸刚才给我买了一个棒棒糖，他让我别告诉你。"

就这样，等那难挨的妊娠反应熬过去，我终于又活过来的时候，突然发现，我的小笼包已经不是从前那个小笼包了。她眼前已经打开了一个全新的世界，那里面有数不清的美好，更有我一直认为的"坏"。

她开始疯狂地迷恋吃零食，虽然我依旧会不留余地地拒绝她，可是我越拒绝，她就越想要，求而不得时，便满地打滚儿，撕心裂肺地哭。

我曾经将此归罪于包子爸对她的宠溺和纵容，可这一刻我才明白，也许真正的"元凶"是我。

是，也许我的出发点是好的：吃糖吃多了，会长蛀牙吧；零食吃多了，肯定影响正常吃饭；而且那些零食里面，各种添加剂数都数不清的，吃了肯定影响身体……可我忘记了，小笼包本来就是天真烂漫的孩子，本来就是喜欢各种花花绿绿、酸酸甜甜的年纪，可我完全剥夺了孩子享受的权利。

一件事，一旦走上了绝对，就说明它已经不对。

所以，现在的小笼包之所以对零食有着比常人更强烈的渴望，也许很大程度上就是因为我近乎残酷的"剥夺"和"压制"。

越压制便越渴望。

3

认真想了很久后，我觉得我们必须做些改变。

于是，我们召开了家庭会议，会议的主题是：小笼包的零食怎么吃？

那天，小笼包发言最积极，她说，如果她每周能吃三个草莓味棒棒糖的话，她就是世界上最幸福的人了。

不知道为什么，看着台上小笼包为自己争取棒棒糖时，那张无比真诚的小脸，我心里酸酸的：过去的我，到底是爱孩子，还是在苛求孩子？

会议集思广益，商量出了零食箱的方案。

具体执行方式如开头所述——每周八十元零食基金，去超市后，小笼包可以在基金范围内自行挑选。

直到现在我还清楚地记得第一天零食日，我们带她到超市，她那双战战兢兢的眼睛。她总是拿起一个想吃的小零食，又不太敢确定似的看看我和爸爸，直到我们点点头，才放心大胆地放进购物篮里。

如今我们的零食日已经执行了两个多月，我真的看到了小笼包一点一点的成长。

她严格遵守着自己的承诺：比如，每次都是好好吃饭之后，才吃零食；再比如，这周零食如果提前吃完，就会耐心地等到下个零食日。

而且，每次去采购的时候，选到一个心仪的零食，都会问我和爸爸，这个多少钱？超出我们的预算了吗？

如果我们说很遗憾，已经超支的话，虽然有点儿小不舍，但她还是会放回购物架上，笑一笑，安慰自己似的说："没关系，下次再买。"

最让我感动的是，后来去买零食，每次她都会从自己有限的零食基金里，拿一部分出来给家里的其他人买礼物。那个时候，我心里就像被万丈光芒瞬间照亮。

　　我终于明白，原来，做家长最重要的，就是把孩子当成一个人来尊重。

　　因为只有尊重，我们才能相信；只有相信，我们才能放下那颗充满控制的心。

　　当我们真的放下控制，放权给孩子后，孩子给予我们的远远不止惊喜和感动。

一岁多的孩子，也有"terrible one"

1/

前两天，一个妈妈和我诉说她的烦恼。

她家宝宝现在一岁七个月，脾气特别大。比如在外面玩别的小朋友的小车，玩了一会儿，那个小朋友要回家，要把小车收回去，他不给。那个小朋友强行拿走后，他就开始没命地哭，哭到最后都恶心吐了，中间怎么哄都不管用。

她同事说这是缺乏教养的表现，要好好管教。她听了心里挺着急的。

因为那天她家孩子和同事家的孩子在一起，两娃差不多大，但同事家的孩子确实要懂事得多。

"难道真的是我教育方式的问题吗？"她问。

看完这段妈妈的留言，我有一丝恍惚：什么？这话难道不是应该我说的吗？

弟弟一岁多的时候，有段时间，也一直处于这样的状态。虽然没有哭到呕吐过，但也真的是一言不合就满地打滚儿，拉都拉不起来。问题是，有时候他哭得撕心裂肺，你还不知道他的爆点在哪儿。

当时我也很崩溃——这孩子怎么脾气这么大，怎么这么难带啊！

我甚至一度怀疑，难道是传说中的terrible two提前降临了？

直到有一天，当我看完了《你的2岁孩子》这本书，才恍然大悟：原来，在terrible two之前，还有一个更恐怖的一岁半啊！

2/

在《你的2岁孩子》这本书中，作者说，其实孩子的成长过程是稳定与波动交替出现的。

孩子要实现发展，必然会对现在的稳定状态进行突破，而突破的过程必然会是一种不稳定的状态。

孩子的成长就是在这种稳定—突破，再稳定—再突破的过程中呈现出一种好坏交织、螺旋上升的局面。

下面这个图会为我们清晰地展示出这个过程。

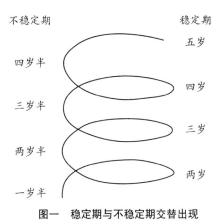

图一　稳定期与不稳定期交替出现

现在，仔细看这张图，发现什么秘密了吗？

在不稳定期这一栏，"两岁半"的下面，还有一个"一岁半"。

为什么家里那个一岁半左右的娃脾气大、难管教？那是因为，一岁半左右的孩子，本身就处于一个不稳定期啊！

作者很生动地给我们描述了这个阶段孩子的心理特点：

"这些稚嫩而又充满活力的一岁半孩子总显得有些力不从心。当他们想要高高挺立着的时候，却总会跌倒；当他们想要抓住某样东西的时候，却总会落空；当他们想要表达自己的时候，却总是找不到合适的语言。不管他们怎样努力，生活就是无法让他们称心如意。这就导致他们经常大发脾气，不仅对自己感到气愤，也对周围的人感到气愤。"

说白了，他们发脾气，主要就是由两种基本的感觉引发的。

第一，这个阶段的孩子往往有很强烈的好奇心，很想做某件事，但总是力不从心。

这会给他带来强烈的挫败感，然后他会用发脾气的方式释放出来。

第二，他欣喜地发现自己拥有了一种新的能力，正在跃跃欲试，这时候突然某人（特别是他喜欢的大人）从上空对他大喊"停"。

我们都知道，接受一个违反本意的外在力量是非常难的，大人都是如此，何况一个幻想着自己已经长大的孩子？因此他会愤怒，但又没能力用语言表达这种愤怒，所以便会用行动表达——跺脚、打滚儿、扔东西和愤怒地大喊大叫……以此来发泄情绪。

所以，现在你是不是有点儿理解家里面那个暴脾气的小小人儿了？他是那么想变成大人、变得有力量，但现实残忍地告诉他，他只是个孩子。在他小小的内心世界里，其实也正在经历着另外一种挫折，他还不会用言语来表达自己的想法，也不能自由行动，不能做到许多他想要做的事情。

想要做一件事，却说不出来、做不到，这对他来说，是一件多么难过的事情啊！这一切真的和教养没有什么关系。

3/

再回到开头那个妈妈的问题：

同事家的孩子，同样是一岁七个月，为什么就没有这么激烈的反应呢？

那是因为，个体差异的存在啊！毕竟生产商和原材料都不同，所以，每个孩子都不可能完全相同。

具体说来，导致这些差异主要有以下两个因素。

第一，孩子天生的气质。

什么是气质？气质就是孩子各自不同的、明显而稳定的个性特征，是天生的，由遗传基因决定的。

著名的心理学家托马斯和切斯，曾通过一项"纽约纵向追踪研究"的结果，把婴儿气质划分为四种典型的类型：

★ 容易抚养型

这类孩子的吃、喝、睡等生理机能有规律，节奏明显，容易适应新环境，也容易接受新事物和不熟悉的人，情绪一般积极愉快，对成人的交往行为反应积极。

由于他们生活规律，情绪愉快且对成人的抚养活动提供大量的积极反馈（强化），因而容易受到成人最大的关怀和喜爱。

★ 抚养困难型

这类孩子突出的特点是时常大声哭闹，烦躁易怒，不易安抚；在饮食、睡眠等生理机能活动方面缺乏规律性，对新食物、新事物、新环境接受很慢。

成人需要费很大的力气才能使他们接受抚爱，而且很难得到他们的正面反馈。由于这种孩子对父母来说是一个较大的麻烦，因而在养育过程中容易使亲子关系疏远，因此需要成人极大的耐心和宽容。

★ 发展缓慢型

发展缓慢型孩子在婴儿早期可能仅仅对洗澡、新的食物等表现出不感兴趣或不配合，他们的逃避行为也只是以一种安静的方式出现，但一岁以后就开始明显显露出发展缓慢型气质了。

比如，他们总是抗拒陌生人与新环境，对新事物、新刺激总是高度警惕、不敢接近，喜欢黏着家人。

因为这类型孩子过于"胆怯"和"无能"，所以时间一长，很多父母就会因为焦虑等各种压力强迫孩子去适应新的环境，但是这样做反而会增强孩子的逃避反应，而且压力越大，孩子的负性反应越强烈。

其实，如果父母不逼迫，在没有压力的情况下，这类型的孩子是有可能会对新刺激缓慢地发生兴趣，并在新情境中逐渐地活跃起来的。

这一类儿童，会随着年龄的增长，随着成人抚爱和教育情况不同而发生分化。

★ 其他类型

以上三种类型只涵盖了约百分之六十五的儿童，另有百分之三十五的孩子不能简单地划归到上述任何一种气质类型中去。

他们往往具有上述两种或三种气质类型的混合特点，属于上述类型中的中间型或过渡（交叉）型。

很显然，气质类型不同的孩子，对于一件事情的反应是不同的。一个抚养困难型的小女孩和一个容易抚养型的小男孩，面对同样矛盾冲突的时候，显然小女孩反应会更激烈一些。

第二，你的态度。

在说明这一点之前，我们必须强调的是，气质类型没有好坏之分。孩子的行为表现是其自身的气质特征与环境因素相互作用的结果。所以，你对孩子的"处理态度"也是一个非常重要的变量。很多时候，只有你做对了，孩子才能做对。

如果我们能够正确认识到，孩子的一些表现是由于其本身的气质特征所导致的，然后运用适当的方式引导教育，是可以改善孩子个性中的弱点和缺陷的；但如果你不顾孩子的气质特点，采取硬碰硬的方式来处理，孩子可能会更不合作，出现更多激烈的行为，甚至处处与你作对。长期这样下去，即使是容易抚养型的孩子也可能出现行为异常。

所以，作为家长，我们能为孩子做的最好的事，就是以客观、接纳的眼光，去欣赏每一个孩子的独特之处，深入发掘他最美好的一面，给予并让他感受到我们对他全身心的关爱。

正如著名的儿童心理学家柯尔博士说的那样："每个孩子的独特之处，不一定是一眼就能发现的，有的孩子要花很长的时间，才会慢慢显出他的个性，因此我们要学会耐心地观察。同时，孩子在成长过程中也会发生一些变化，有些原本的独特之处，可能会随着他的发展而消失，有些独特之处又会随着他的发展而逐渐显现出来。然而，每个孩子可爱而独特的一面都会在父母的关爱中慢慢显露出来。到这时，我们对他的尊重和关爱已经通过与他平等的接触、交流，深入他的内心之中，从而也会引发他以同样的尊重和关怀来回应我们。"

除了百分百的接纳和爱之外，如果想和这些一岁半的"小魔头"和平相处的话，不妨试试下面这四个小技巧：

第一，学会聪明地说"不"。

相信下面这个场景大家一定都会熟悉：

宝宝在房间里玩一个尖锐的物品，你觉得很危险，于是你朝他喊"不许扔"，并且从他手里把尖锐的物品夺过来。然后，宝宝接着就会大发雷霆，躺在地上打滚儿，又是踢腿，又是跺脚，哭闹尖叫不肯起来。

想避免这种情形，我们可以自然地从他手里把物品拿走，并给他一个他平时特别喜欢的玩具，并告诉他"这个更好玩啊"，也许宝宝就不会原地"爆炸"了。这就是双赢：你达到了目的，而宝宝也玩了玩具。

不过，如果宝宝还是念念不忘，想玩刚才的那个物品，我们还可以运用转换情境的办法，比如带他去另外一个房间"寻宝"，或者可以下楼去找其他的小伙伴一起玩。

只要大方向对了，办法总比困难多。

第二，抓大放小。

为了更轻松地度过宝宝爱发脾气的这个阶段，我们可以将宝宝的愿望分成"大事"和"小事"两种。

比如，在马路上不能乱跑，要紧紧牵着妈妈的手是大事，没得商量；而早晨起来穿短袖还是长袖就是小事了，即使是夏天，如果他执意要穿一件厚外套，也可以随他去。他觉得热了，自然就会要求脱掉。

其实我们在生活中，是需要给孩子适度的空间，赋予他选择的权利的，甚至很多时候还要给他失败的机会。因为人生注定不会一帆风顺，一个人能从失败中汲取经验，并能勇敢地从失败中站起来，难道不是比成功更珍贵的品质吗？

可是，如果我们总是把孩子紧紧握在手心，他就永远不知道自己能做什么、不能做什么，也无从知道失败的滋味，更别提培养强大的抗挫折能力了。

仔细想想，只要不威胁到生命，不影响到他人，即使失败了，又有什么关系呢？

第三，鸵鸟策略。

我们都知道，鸵鸟一看到危险就把头埋在地底下。而鸵鸟策略，具体来说就是，当我们对某一件事情没有一个很好的解决方法时，那就忽略它，就像鸵鸟面对危险时把头深埋在沙砾中，装作看不到。

这个看似消极的词语，其实一直在被很多人不自觉地运用在生活当中，比如计算机操作系统中，当死锁真正发生且影响系统正常运行时，我们都会手动干预、重新启动。这不是一种简单的妥协，而是我们权衡利弊后的一种利益最大化的选择。

面对孩子脾气爆炸失控的状态时，我们也可以用这种策略，暂时放下和孩子之间的冲突与矛盾，而只做一个动作——那就是紧紧地抱着他。

如果他发脾气是因为遇到了实际的困难，比如费了很大劲还是无法成功把扣子系好，或拿不出卡在沙发下面的玩具时，你可以在抱着他的同时，说出他的感觉："哦，原来你生气是因为……"

如果他想要完成的事本身就是不可能完成或不合理的，比如他要把别人的玩具带回家，在遭到拒绝后情绪失控，你可以抱住他，然后在他耳边重复说："别生气，妈妈抱着你啊，妈妈爱你。"你会发现，孩子往往在挣扎一两分钟之后，就会慢慢平静下来。

全美最知名的儿科医生医学博士西尔斯曾说过：宝宝喜欢

在熟悉和信赖的人面前发脾气，不是他想控制你，而是你让他觉得安全，有足够的信任。

而且孩子发脾气经常是因为他表达不出自己的想法和需要，他试图通过发脾气来引起注意。在这种情形下，你帮他说出了他想说的，他会觉得你了解他的感受。当感受到自己的情绪被认同、被接纳，一切就都会慢慢好起来。

第四，让孩子尽早学会向家长求助。

有一天，一位妈妈来我们家里做客。我们在聊天的时候，她的孩子突然开始尖叫起来，于是她也立即本能地大叫起来："不要叫啦。"话音刚落，我们都笑了，因为我们都明白，这种尖叫式的对话完全无效。

这个阶段其实是宝宝的尖叫高潮期，很多时候，他们不是故意的，只是因为需要我们的帮助，但又不能很好地表达出自己的需求，所以只能采取尖叫的方式。

就像那天，当我们走过去一看，原来那孩子尖叫是因为他玩的小车轮子掉了，而他努力了很久都没有安回去……

所以，如果你家也有类似的烦恼，不妨试试教会宝宝说"帮帮我"这三个字。

你可以在孩子遇到困难需要我们帮助的时候，走到他的身边，确认他的感受："你遇到麻烦了？需要妈妈帮帮你对吗？"然后再告诉他："下次需要妈妈帮忙的时候，你可以大声喊'妈妈，帮帮我'，妈妈就会立刻到你身边。"

你只要坚持这样做一段时间，孩子就有可能记住这样的方式。等下次再遇到困难的时候，也许就会用这三个字来取代大声尖叫。

这个方法你一定要试试。当我教会小笼包和弟弟说"帮帮我"这三个字后，你无法想象，我们家因此少了多少尖叫和哭闹。尤其是弟弟小汤圆，现在已经将这三个字运用得炉火纯青，遇到任何解决不了的麻烦时，都会大喊："谁来帮帮圆圆啊！谁来帮帮圆圆啊！"那仰着小脑袋，一脸无辜的样子，真是可爱极了。

5/

为人父母，我们的生活里充斥着数之不尽的小意外，循环往复的矛盾和亟待解决的突发事件。但和孩子一起成长的过程中，有一件事在我心里越来越清晰与笃定，那就是——教育这件事，不是你单方面对孩子做了什么，而是你和孩子一起做了什么。在这个过程中，最根本的就是我们要尊重孩子的想法和感受。

不知道怎么做的时候，不妨暂时后退一步，回顾一下自己的童年，想想我们是怎么长大的，小时候我们喜欢什么、讨厌什么，然后认真地对孩子说每一句话。

因为，正如海姆·G. 吉诺特所说："孩子就像尚且湿软的水泥，所听到的每字每句都会在他们身上留下印记。"

妈妈，我只是挖了挖鼻孔！

1

前几天收到了一位妈妈非常长的信息，隔着屏幕都能感受到她的焦急和忧虑。

这位妈妈说：

"包子妈，前两天买了你推荐的《大卫不可以》。我一直非常信任你推荐的书单，可是，我不明白世界上为什么会有这样的书。我两岁的女儿看完后，突然就像变了一个孩子。本来是特别乖的那种，但是现在，她经常学着大卫的样子，光着脚丫子满屋里跑，在沙发上、床上一顿乱蹦乱蹭，然后还经常裹着小被单大喊'我是超人'。最要命的是，一个女孩子，开始学着大卫光屁股、挖鼻孔。尤其是喜欢挖鼻孔，每次还故意挑衅似的，专门对着我挖，我越说她越来劲。我都有点儿不敢给她读这本书了，有段时间我都把它藏起来了，但是孩子总吵着要看。其实我是真的不明白世界上为什么会有这样教'坏'孩子的书，还被称为经典。让我十分纠结的是，我该继续读给孩子吗？盼回复。"

我当时正在上正面管教的培训课，没办法写很长的文字给这位妈妈，不过我给她发了一张照片，我相信她看后，会一定程度上缓解焦虑的心。

那是一张小宝宝抠鼻孔的照片，照片中的这位同志是小汤圆，是我前两天吃饭时候拍的。

小汤圆可以算是大卫的超级小迷弟。从不到一岁第一次给他读，他就爱上了大卫。

有多爱呢？

小家伙一岁半，才刚学会蹦两个字的时候，只要走到书架前，就会哼哼着说："讲，大卫！"

再到后来，如果遇到小家伙调皮要赖倒地打滚儿的情况，你只要抱抱他，告诉他："快来快来，我们讲大卫啦！"臭小子立马一个鲤鱼打挺爬起来。

不过，和前文提到的那个深爱大卫的小姑娘一样，小汤圆也出现了类似的情况。

光脚丫子、光屁股就不说了，已经成为常态，见怪不怪，我一度不能忍受的是，他竟然会喜欢挖鼻孔，喜欢到无法自拔的地步。

他专门挑我在旁边的时候才把手指伸进鼻孔，然后，一边挖一边还带着狡黠的笑，那表情好像就在说："快看呀，快看呀，我在挖鼻孔啦，我在挖鼻孔啦！"

有时候我故意不理他，他就专门跑到我跟前，要么用小胳膊肘碰碰我的身体，要么上下左右拨浪鼓似的摇晃着他的小脑袋……真是为了撩拨我，使出了浑身解数，直到我说出那句"小汤圆，不可以"，他才哈哈大笑着把手放下来，一副心满意足的样子。

这个游戏，弟弟从一岁多，玩到了现在，就这么循环往复，但他乐此不疲。

2

那么，弟弟为什么会学大卫挖鼻孔呢？

其实这都是因为我们身体内的一种神奇的"细胞"——镜像神经元的存在。

我们脑中的神经元网络，一般是储存特定记忆的所在；而镜像神经元组则储存了特定行为模式的编码。这种特性不仅让我们可以想都不用想，就能执行基本的动作，而且，如同它的名字一样，它还像一面镜子，具有反映他人行为的功能，可以让我们在看到别人进行某种动作时，自身也能做出相同的动作，这就是模仿。我们人类生活的基本社会技能，都是经由模仿而来的。

其实，这也能够为我们解释，为什么人们看到其他人打哈欠时，自己也会被感染，而当别人大笑时，自己也会不由自主地发出笑声。

我们都知道，世界杯赛，一般球迷们会为自己的球队胜利而集体起舞狂欢，也会为自己的球队失败而集体哭泣宣泄。

这是因为，当人们观察到的场景与自身的过往经历越相似，镜像神经元就越活跃，尤其是当这些场景与运动神经的活动相关的时候。所以，球迷往往会有下意识的从众行为：球队赢了就集体狂欢，输了就集体哭泣。

3

我们再回到孩子们模仿大卫挖鼻孔的话题上来。

正是因为镜像神经元的存在，所以模仿是必然发生的。而且零至六岁阶段幼儿的大脑正处于活跃的黄金时期，有着超强的模仿能力，他就像是一块海绵，眼睛看到什么，就会直接完全进行复制模仿，不论这个行为是好还是不好。所以，文章开头的孩子和小汤圆，都会对模仿大卫挖鼻孔有着谜之爱恋。

也许有的妈妈会说，就是因为孩子会不分好坏照单全收，所以才更不能给孩子看这种"坏孩子"的书啊！

可是，就因为挖了个鼻孔，大卫就是坏孩子，这本书就是一本教坏孩子的书了吗？

我再给大家讲个故事。

小笼包三岁的时候，有一次，我看到她穿着小裙子、跷着小脚丫，坐在那里很认真地挖鼻孔。

于是我对她说："小笼包，不要挖鼻孔，鼻子里的皮肤很薄，你会伤到自己的，鼻屎不用挖自己会出来的，不会一直堵在鼻子里面，放心吧。"

没想到小笼包听后，满脸不解："可是妈妈，鼻屎没有腿也没有脚，怎么会自己出来呢？"

我听了，忍不住扑哧就笑了，同时心里真的很感慨——小孩子总是比我们更能看到事物的本真！对啊，鼻屎明明就没腿没脚丫嘛！

更好玩的是，在那之后不久，我竟然在中新网上看到一则惊掉下巴的报道。

这则报道发表于2013年9月，单是标题就让人过目不忘——《爱抠鼻孔有益处　会刺激大脑让人变更聪明》。

因为觉得太有趣了，所以我当时还专门把这篇文章收藏起来，今天写稿时又翻了出来。

这个结论是来自加拿大萨斯喀彻温大学（Saskatchewan University）一位名叫斯科特纳珀教授的研究。

研究指出，因为鼻子内含有多种感受器，所以当人们用手指按摩鼻内黏膜时，可以产生刺激大脑的效果，因此，长期下来，喜欢抠鼻孔或较常抠鼻孔的人，比起因害怕别人指指点点而不敢抠鼻孔的人更为聪明。

斯科特纳珀教授强调，一般人在正常情况下，平均每天会抠四次鼻孔，且这是一个必要的自然行为，人们无须因担心社会舆论而产生心理负担。

所以，看完这则新闻，我们现在回过头再看，挖鼻孔是不是根本不算什么特别严重的问题？

4/

说完挖鼻孔，我们再来说说《大卫不可以》这本书。

很多妈妈都不明白，为什么自己家里的宝宝都这么喜欢这个浑身都是臭毛病的小男孩。

我们来看看这一页：

大卫两只脚的脚尖，踩在一把椅子的边缘上，身体倾斜，左手抓住壁橱的边，右臂向上高高举起，伸开五指，去拿壁橱最上层的饼干桶。

画面突出的是大卫的脸部表情，他紧抿着嘴，舌头舔上嘴唇，两只眼睛紧盯饼干桶，一副不达目的决不罢休的模样。

画面上没有妈妈，只有妈妈说的一句话："大卫，不可以！"

不知道大家看完什么感觉，我当时看完这一页，就想起《只生欢喜不生愁》里，作者谈到的一件生活小事。

她说："我儿子为了吃到一个他喜欢的东西，在地上打滚儿，我觉得很好笑又很受启发，他想得到一个喜欢的东西，就用自己的方式争取，我想要一个东西的时候，为什么不能用如此简单直接的方式呢？大人为什么总顾忌那么多呢？难道就是因为我们是大人？"

《小王子》里说："所有的大人都曾经是孩子，但我们大多数都已经忘记。"

忘记童年的后果，就是我们不懂孩子，不会站在孩子的立场看问题。

其实，作为孩子，他们想的就是玩自己喜欢的，要感觉到自己能"行"的力量。所以，他们会非常羡慕大卫可以这样玩，也会学大卫各种淘气的样子。

孩子这种天性的一面，与我们自己童年天性的一面，何其相似。可是当我们身份变了，我们开始用我们当初不愿意承受的，反过来去限制孩子。当孩子出现一点儿小状况，我们就会抓狂，殊不知大人过度的焦虑，只会让孩子受伤，也会让大人受伤。

5/

阿甲老师曾说，也许《大卫不可以》最宝贵的地方，就是可以让我们每一个成人透过这个淘气的大卫，看到我们童年的自己。

所以，不妨跟孩子一起轻松开怀地读一读《大卫不可以》，和孩子一起去体会大卫的开心、悲伤、难过、哭泣、生气、内疚……一起读一读最后一页，妈妈搂着打碎花瓶的大卫，充满爱意地说着："大卫乖，我爱你。"

也许世界上每一个孩子，都会渴望像大卫一样随心所欲把家里搞得一团糟之后，能被妈妈紧紧抱在怀里，听妈妈对自己说出那句"我爱你"吧。这会让他真切感受到妈妈永远爱自己，无论什么时候。这种笃定和相信，会让一个人获得独一无二的归属感、闪闪发光的自信，以及无与伦比的快乐。

成长是一场不可逆的旅程，也许，我们真的应该把时间和精力用到更多有意义的事情上去。比如，带孩子阅读更多有趣的书，结识更多有趣的人，做更多有趣的事情。

当孩子很快乐地被"喂"着故事书长大，爱阅读、爱生活，身体还不错，在家里充分享受了爱，自己也充满着爱，懂得爱自己、爱父母、爱他人，他的未来又有什么值得担心的呢？

至于其他，孩子想挖鼻孔，那就挖吧，没见过哪个孩子能一直挖到娶媳妇的。

那些现在看起来很文明的大人，难道小时候就真的从来没挖过鼻孔？

最后和大家分享一个小插曲，这篇文章写于回济南的动车上。

当时我旁边坐了一个很年轻的小伙子，看我一直在噼里啪啦码字，突然问我："你在写论文吗？"

我说："你看我像在写论文吗？"

他说："嗯，我觉得应该是研究生论文。"

我忍不住哈哈大笑起来，告诉他，这呀，可比研究生论文难多了。

难道不是吗？

育儿的确就像升级打怪，一关连着一关，没有可以完全参照的范本，我们只能自己摸着石头慢慢悟。

其中最关键的就是，父母永远不能放弃自我成长，要不断学习，成为更好的自己。

想让孩子成为什么样的人，你能做的最好的事，就是你先成为那样的人，这是我这两天学习到的最重要的事。

从正面管教的培训班顺利毕业，如今我已正式成为一名正面管教的讲师，但我知道，一段学习的结束更意味着新的学习的开始。

我会更加努力更加爱，风雨兼程。

打人就是坏孩子？也许人家只是在"撩友"

1

前段时间回太原的时候，有一天和闺密一起吃饭。

我和闺密已经快两年没见了。上次见面，是闺密来济南看我，当时小汤圆才七个月大，那次我带她去逛岱庙，娃还得时时刻刻在怀里抱着。转眼的工夫，娃便已经开始满地跑了。

这次见面，闺密爱屋及乌，把两个娃搂在怀里各种亲，吃完饭，又带着娃到游乐场里各种玩。

不过在游乐场的时候，发生了一件事，让一向优雅淡定的闺密气得直瞪眼。

那天，游乐场正好有一个太空主题展。里面不仅有太空服，可以让小朋友们体验当宇航员的感觉，还有大大小小的各种星球矮矮地垂挂着，小朋友们伸手就可以触摸得到。姐弟俩进去后，便满场飞起来。摸摸这儿，碰碰那儿，就像出了笼的小鸟。

满场转了两圈后，弟弟停在了大大的月亮面前，用小手推一下，月亮跑走了，一会儿又晃悠悠地回来。弟弟哈哈笑着，推一下，再推一下，循环往复，乐此不疲……

就在这时，来了一个小男孩，也是两岁左右的样子，兴许是看着弟弟这样来来回回推着好玩，所以也想上手试一试。小男孩往近凑了凑，可弟弟并没有"让贤"的意思；小男孩又往近凑了凑，弟弟还是自顾自地玩着……然后，"啪"—— 一个猝不及防，小男孩伸手便朝弟弟脸上拍了一下。弟弟也不是个愿意"吃亏"的主儿，拎着小拳头就朝对方胸前砸了过去……

眼看两个娃就这么打起来了，我便赶紧跑过去。

可是紧赶慢赶，还是晚了，战火嗖嗖升级，那个小男孩一把抓向了弟弟的脸，然后，在弟弟脸上留下了一道鲜红的印记。等我跑到跟前的时候，弟弟已经捂着小脸，哭得眼泪鼻涕满脸都是了。

闺密是个急脾气，平时就疾恶如仇的，这下看到自家娃受欺负了，更是急得瞪圆了眼："你们家孩子怎么教育的啊？怎么打人，还抓别人的脸啊？这要留疤了怎么办？你们负责吗？"

对方家长是个爸爸，也许是看到小汤圆"伤势"的确有点儿严重，也许是被闺密的气势震到了，二话不说就拎起自己娃，朝屁股上一顿胖揍。这下，小男孩也哇哇大哭起来。

看到现场乱成了一团，我赶紧抱着弟弟上去拉架："别打孩子，别打孩子……小孩子打打闹闹太正常了，孩子们都不是故意要伤害别人的。"

拉扯了半天，急得我汗都出来了，那位爸爸才终于平静下来，可是扭头一看那挨了揍的小男孩还窝在角落里嘤嘤地抽泣着，那位爸爸又是一声呵斥："不许哭！打人你还有理了！"然后，径直拎起小男孩，离开了。

2/

经历了刚才的"战斗",后来我们坐在咖啡厅里,真是有点儿精疲力竭。

看着一旁正在和姐姐开心玩拼图的弟弟,不知道怎的,我眼前总浮现出刚才那对父子离开时的背影,尤其小男孩眼睛红红的样子,觉得十分心疼。

虽然他刚才让弟弟挂了彩,但我知道,他并不是一个坏孩子。

那个小男孩不过两岁多,在两岁孩子的心里,这个世界并不是我们看到的这样,而是有着独属于他们的规则。

比如,他们会觉得,世界都是我一个人的!你想啊,世界都是他们一个人的了,在他们心里,当然这个世界上的每件东西也都归他们所有。他们还会对自己玩过的、正在玩着的,以及准备去玩的玩具有强烈的保护欲望,就像他们的生命一样,不允许任何人来分享。

所以,刚才弟弟和小男孩在争抢月亮的过程中,都觉得自己理直气壮——我想要,月亮就是我的,别人就是不许碰。

再比如,他们还会觉得,"东西"比"人"要重要得多。

这么大的孩子,他们几乎没有想要去取悦别人的意愿,因为他认为,他才是应该被取悦的人。再加上天生的攻击性和对自己的东西强烈的保护意识,他们还不能与其他孩子产生"合作""分享"的意识。对他们来说,"轮流"是件非常难以接受的事情。所以,当他玩得正高兴,如果你想从他怀里拿走一个玩具,给别的小朋友玩一下,那是绝对行不通的。

为了保证自己的东西不被别人所碰到，维护自己对物品的"所有权"，他们会经常发生激烈的战斗。同时，因为表达能力和与人沟通的社会属性还非常有限，打架便成了他们首选的表达和沟通方式。

所以，在这个阶段，当你看到他们为了一样东西又跑又叫，甚至把别的孩子推开去抢东西，或是把别的孩子压到身下去抢他的玩具时，不要太过于担心，这些行为都再正常不过了。

他们那些看上去像打架的行为事实上并不是在打架，他们的出发点就是想把自己喜欢的东西拿到手。

而至于被抢的一方，他或许会把自己的东西抢回来，或许会哭着去找大人帮忙，或许干脆就放弃了。

有意思的是，小男孩会为了玩具跟别的男孩争个不停，却会轻易地把玩具送给小女孩。

最最好玩的一点，就是对这么大的孩子来说，很多时候，打架只是在"撩友"。

在《你的2岁孩子》这本书中，作者曾这样为我们描述这个特点：

"比如，他会因为喜欢或好奇而摸摸其他孩子的头发，跟着也许会拽一下，试下是什么感觉的。他们会对彼此的身体非常好奇，然后试着进行身体上的接触。比如，一个孩子会毫无理由地推打另外一个正在玩积木的孩子，甚至把人家刚盖好的积木房子推倒……而且推倒后，并没有急着离开，而是站在那里好奇地观察对方的反应。这种'战斗'一般会令人感觉莫名其妙。而对他们来说，'打'并不代表他不喜欢或生气，而是他能够掌握或使用的最好的一种沟通方式。"

3/

综上所述，如果你家里有个两岁多的小孩，你就会发现，他们真的就像一颗随时会原地爆炸的小炸弹——不管是在做游戏还是与别的孩子的交往中，他们随时都有可能变得粗暴起来，他们经常会相互推打、大声喊叫。

那么，当我们发现这个阶段的孩子频繁出现攻击行为的时候，应该怎么做呢？

第一，是理解和接纳。

要认识到，这种行为是成长过程中必然发生的，无关自私或者顽皮。

切忌粗暴地去给孩子贴负性标签，比如说他是个坏孩子之类的。

第二，要立刻坚定地制止。

关于这一点，心理学教授魏坤琳曾经说过，制止时，"态度要坚定，握住孩子的手，带他离开打人现场，稍微远一点儿，这样能帮他的情绪降温"。

弟弟曾经也有一段时间特别爱动手，再加上个子比较高，几乎要"打遍小区无敌手"了，包子奶奶特别头疼。

后来包子奶奶用的办法就是，弟弟打别人时，先立刻把弟弟抱起来，达到切断"战火"、减少"伤害"的目的，和对方道歉后，再抱着弟弟走到远一点儿的地方。离开那个环境后，弟弟一般会比较容易平静下来，这个时候再开始给他讲道理。

第三，让孩子明确打人会带来痛的感受。

告诉孩子，打人是不对的，而且别的小朋友会很痛。

魏坤琳说："作为打人者，我们的大脑会提前知道打的力道，手上传来的反馈——也就是疼痛感——会被大脑抑制，因此感觉不是那么痛。但是被打的那个人没有这个抑制机制，会感觉特别痛。孩子在打人时也会低估对方感受到的力道和痛苦，结果越打越用力。"

所以，一定要给孩子说明打别人的时候，别人是会很痛的。如果只是简单粗暴地告诉孩子"不许打人"，却从不说为什么，孩子又怎么能听到耳朵里面去呢？

第四，多多给予他们正确的引导。

讲明这一点后，可以拉着孩子的手，或者把孩子抱在怀里，和他一起梳理问题，想解决的办法。

"你刚才很生气、很着急，因为你想要那个小手枪，但小朋友不给你。"这样说的时候，孩子会觉得爸爸妈妈是懂他的。

人被理解、被接纳的时候，情绪往往就会平静下来，这一点，不管大人还是孩子都一样。

接着，你可以引导他一起想办法："你想玩，可玩具是别人的，所以你是不是需要先征得玩具主人的同意呀？你可以友好地问小朋友：'请问，可以借我玩一下吗？'

"如果他不愿意，我们是不是可以拿一个玩具去和他交换？

"或者你想想，我们还能有什么其他好办法？"

其实我们平时在家的时候，也可以和孩子以角色扮演的方式，多做一些类似的游戏，主动地模拟、创造环境，使他们有条件练习、发挥和使用尚且稚嫩生涩的社会能力。

育儿的功夫在平时，很多道理只有多多练习，才更容易内化成孩子的能力和品质。

第五，切忌以暴制暴。

如果孩子超过三岁，还是喜欢用暴力来解决问题，那我们家长就要反思了：孩子的成长环境中有没有鼓励暴力的因素？

就像开头的那个小男孩的爸爸，孩子打了别人，自己挨了训斥，面子上挂不住，于是便拎起孩子一顿猛揍，试图用惩罚的办法让孩子长记性。

但这样做本身就是给孩子做错误示范，让孩子觉得可以用打人的方法解决问题。

其实，在所有的育儿方式中，打是最简单但也是最无用的一种方式。

正面管教里，有一个叫作"大脑盖子"的游戏，大家不妨和我一起做一下。

请你把手掌伸开，拇指放在手心里。

拇指的部分被称为"中脑"，也可以叫作"动物脑"。它掌管人类的动物本能，例如饿了吃饭，渴了喝水，受到攻击会反击或逃跑。

现在，再将手掌合起来，握成拳头。

你的拳头代表大脑皮层，指尖接触手掌的部分（指甲前后的部分），是前额叶，也可叫"理智脑"，是唯一进行人脑思考的部分——情绪控制、人际关系控制、人际交往的灵活性、直觉、社会系统认知、自我意识、不被恐惧和担心控制、理智、道德等。

当你生气时，你的"大脑盖子"打开了，"动物脑"便露出来，你的行为就会成为"动物脑主导"，如不理智、情绪化等。

另外我们的大脑还有一种很重要的神经元，叫"镜像神经元"，我们在前面的文章中提到过。

镜像神经元十分重要，我们人类都是通过镜像神经元来模仿和学习的，值得特别说明的是，当我们情绪失控的时候，这个镜像神经元也在持续起作用，所以当我们情绪失控、"大脑盖子"打开的时候，跟我们在一起的那个人，因为镜像神经元的作用，也会模仿我们，把"大脑盖子"打开。

现在你是不是突然明白，为什么当孩子有情绪的时候，总是特别容易激怒我们；

而当我们带着情绪回家的时候，会发现孩子也会变得比平时闹腾和烦躁。

现在，我们回到刚才的问题，为什么我们说打孩子是最无效的方式？

当我们揍孩子的时候，我们的"大脑盖子"是打开的，而孩子们呢？本身孩子前脑皮层就还没有发育成熟，再加上镜像神经元的作用，他们的"大脑盖子"也必然会被打开，将"动物脑"暴露出来。

试想大自然中,当一个动物受到攻击的时候,它是什么样的反应呢?

反抗或者逃跑!或许还有另外一种,那就是不动,它有可能在装死,有可能已经被吓傻了。

我们的孩子,也是一样的。在这种情况下,他们就会和动物一样,要么爆发(和家长发生更加激烈的冲突),要么逃跑,要么更加压抑自己。无论选哪一种,都不会让孩子得到发展,都不是我们想要的。

所以,向孩子伸出我们的拳头前,请三思!

第六,鼓励孩子采用其他方式发泄愤怒。

喜、怒、哀、惧!所有的情绪都是正常的,没有好坏对错之分。重要的是让情绪能流动起来,不要被堵死。

当孩子愤怒的时候,我们可以鼓励他们用语言或者跺脚来表达愤怒,让他们知道发怒和表达愤怒都是可以的,但绝对不能动手。

第七,我们还可以借助绘本等生动的载体。

绘本生动形象,更像孩子们的朋友。我们不妨借助这个载体,把道理"故事化"。

在这里我向大家推荐几本不错的绘本。

★《小一步,对不起》

小一步和他的好朋友小来欧为了抢一只小水桶而争吵了起来,还打起了架。怎么办呀?

突然，"嘭！嘭！"几颗橡果从树上掉了下来。

小一步和小来欧你捡一颗，我也捡一颗，眼泪还没擦干呢，两个孩子就已经把刚才的不开心抛到了九霄云外，又一起玩起来，还不忘记互相说"对不起"呢！

★《手不是用来打人的》

绘本一开始就告诉孩子，每个人都有一双手。小手可以用来做很多事，比如，跟别人打招呼、握手说你好、写字、画画、系鞋带等，但是，不能用来打人。因为打人是很不友好的行为，打人会弄疼别人，还会让人心里特别难受。所以，如果不小心打人了，一定要跟对方说："我很抱歉。"

这本书既能帮助孩子搞明白打人的原因，又能告诉孩子发生冲突时应该怎样处理以及被别人欺负后的应对办法，甚至还教孩子如何才能正确地管理自己的情绪，实用性超强。

★《妈妈，我真的很生气》

家里有男孩的父母对这本书会比较有体验，孩子一生气就爱扔玩具破坏玩具。

绘本里的小主人公也一样，甚至会打他的小弟弟。聪明的妈妈通过一张笑脸图，引导孩子学会用语言表达情绪，与他人相处融洽，孩子的脸上也出现了更多的笑容。

★《菲菲生气了，非常非常的生气》

因为姐姐抢走了自己正在玩的玩具，菲菲生气了，非常非常生气。

这本绘本让孩子们理解菲菲情绪变化的过程及其原因，知道生气是一种正常的情绪表现，我们要努力摆脱愤怒的情绪，重新使自己快乐起来。

家长犯的错，别总让孩子来背锅

1

周日的下午，全家都在午睡。

小笼包睡不着，爬到我和爸爸中间，拽着我们的胳膊，要我们带她出去玩。

我在迷迷糊糊中，听到包子爸说："现在太热了，晚上咱们再出去吧。"

小笼包不解："晚上天黑了，玩什么呀？"

"我们可以去散步啊……"

关于爸爸提出的"散步"方案，小笼包欣然同意了，一边拍着小手，一边咚咚咚地奔向客厅去了。

世界一下子安静下来，我们美美地睡到了下午4点。

等起来后，我开始洗衣服，包子爸开始忙工作，包子奶奶也开始准备晚餐的食材。

就这样忙忙活活着，天黑了。

晚饭后，包子奶奶去洗碗了，我开始整理床铺，给姐弟俩做着洗澡前的准备，包子爸则又钻进了书房继续着之前没完成的工作，谁都没提下楼散步的事情。

我承认，我的确是忘记了，我满脑子都是希望娃们今天能早点儿洗澡、早点儿上床、早点儿讲完故事、早点儿睡觉，我好喘口气儿，写写《笠翁对韵》的录音文案。

可小笼包没忘！这是她今天一下午，心心念念最大的事。

小笼包从这个屋转到那个屋，再从那个屋转到这个屋，看我们谁都没有下楼的意思，一下子急了。

她跑到爸爸跟前，摇着爸爸的胳膊："爸爸，我们还去散步吗？"

爸爸回答："太晚了，今天不去了，你和弟弟快去洗澡吧！妈妈都在给你们放水了。"

小笼包不甘心："可是你都答应我了啊！"

"爸爸这不是工作没忙完吗？"

眼看爸爸就要爽约了，小笼包又气又急，音量提高了好几度："不行，必须去，你说到就得做到。"

其实平时，包子爸还是很讲信用的，也很少和小笼包大声说话。但那天，也许是一开始真忘了，也许是工作没做完有点儿着急，总之，他爽约了，还爽得理直气壮："什么叫必须去？你说了算还是我说了算？今天不早了好吗？看不到我没忙完？你怎么这么不懂事……"

他的音量也越来越高，并且说了许多听起来有道理，其实有点儿不讲道理的话。

终于，失望的小笼包再也忍不住委屈的眼泪，哇哇大哭起来。

直到这时，我才想起来，下午在迷迷糊糊中包子爸确实答应了小笼包散步。

小笼包扯着嗓子哭号着，我特别理解她的委屈——明明就是我们这些大人亲口允诺要带孩子去散步的啊，可她眼巴巴地盼了一下午后，我们说不去就不去了！

是，也许我们能给自己找到各种理由，比如时间不早了，比如工作没做完。可是，当我们在答应孩子的时候，为什么没想到这一点呢？为什么没有提前想一想，这种安排是否合理，时间是否充足，自己是否能够做到！

究竟是孩子不懂事，还是在我们这些大人心里，觉得和孩子说的许多话，也就是说说而已？！

那天晚上，我把哭得鼻涕眼泪满脸都是的小笼包揽进怀里，告诉她："爸爸在忙，所以妈妈可以带你下楼散步。"

小笼包点点头，自己去卧室换好了衣服，还去卫生间洗干净了小脸。

一到楼下，她就破涕为笑了。月光下，我们娘儿俩的影子被拉得长长的，她追着影子蹦啊、跳啊，我们就这么一路走着，一路唱着，数着天上的星星，听着树上的蝉鸣，看灯下飞舞的小虫……我第一次惊喜地发现，济南的夏夜竟然如此美好。

走着走着，小笼包突然对我说："妈妈，我不生爸爸气了，但是希望爸爸以后可以说话算数。"

看着她亮晶晶的眸子，我突然很感慨——孩子多简单、多美好啊，他们百分百地爱着我们、相信我们、理解我们，那么容易就原谅我们的错误。可我们大人，总是在有意无意中，挥霍着孩子的信任，而且很多时候，还要把自己的问题丢给孩子来背锅。

2

　　我又想起发生在前两天的一件事。

　　那天，也是晚饭后，弟弟不知道想要什么东西，包子奶奶没听懂。弟弟一着急，伸手就打了包子奶奶一下。

　　包子奶奶被"打"后，忍着疼呵呵地笑，弟弟一看奶奶在笑，又把小手伸了出去……

　　这时，我一把抓住了他的小手，把他拽到了面前，然后，看着他的眼睛，一字一顿地说："圆圆，不能打奶奶，你打奶奶的话，奶奶会疼的，而且会很伤心。你说的奶奶没听懂，你可以慢慢地再说一次。"

　　可我的话，小家伙显然没听进去，只是一边扭头看着还在咧嘴笑的奶奶，一边哼哼着，试图甩开我的手。

　　我紧紧握着他的手，继续说："你打别人的时候，别人都会很疼的。我知道圆圆很爱奶奶，一定不想让奶奶疼，对吗？所以以后我们不打奶奶了，好吗？"

　　在我重复了两遍之后，弟弟终于安静下来，轻轻点了点头。

　　孩子爱打人，是一件让家长很头疼的事情。关于这个问题，前面的文章中我有提及。其实，很多两岁以下的孩子打人，并不是出于"坏"的目的，他们的攻击行为，多数只是表达情绪。比如想要别的小朋友的玩具，别人不给，而自己的语言表达能力又还没发展完善，宝宝不开心，于是上手打人。

　　所以，对于语言能力和理解能力都还欠缺的孩子，我们绝不能以暴制暴，更不能以成人的观念来评判，给他们贴一些负面标签。

当然，这并不代表着我们家长可以不作为——

比如弟弟这次打奶奶的事情。其实就在不久前的一天，包子奶奶曾向我"告状"，说弟弟因为抢玩具动手打了一起玩的小朋友，受到对方家长投诉，她觉得很不好意思，决心以后一定得好好教育弟弟。可同样是打人的问题，奶奶前脚说教育，后脚在被打的时候，反馈给孩子的是满满的笑脸。

明明是我们的笑脸默许了孩子的攻击行为，却在孩子下次伸手打别人的时候，说他是个有问题的孩子。这到底是大人的问题，还是孩子的问题？

3

那天，在看《别以为你会爱孩子》这本书时，作家林怡一番话对我如同醍醐灌顶。

她说："有的时候，人们处理问题的逻辑就是颠倒的。因为颠倒，当孩子的某个行为不符合我们的预期时，我们常常将其简单地判定为孩子有'问题'，一心想的是如何改造孩子，去掉'问题'，而不去反思它投射的究竟是什么，以及它可能带给我们的是什么？"

就好比最近在群里，有个妈妈问："我家宝儿现在两岁了，但是每次吃饭都要看动画片，要大人喂，我都不知道怎么办才好。"

我问她："你舍得饿他几顿吗？孩子不想吃饭的时候，就随他去，并且两餐之间不要给零食。"

这位妈妈说："我总说不吃就不吃了，但奶奶又怕饿着孩子，时不时就塞点儿东西给孩子。"

看到这里，你还会觉得这是孩子的问题吗？明明肚子不饿，却硬生生被塞进各种吃的，孩子甚至连饥饿的感觉都没有机会感受。这种填鸭式的哺喂，到底满足的是孩子的胃，还是大人的焦虑？而当我们如此去爱孩子的时候，我们如何不累？孩子又如何不累？

当孩子累了、恼了、反抗了，我们不去反思自己，却去挑他们的刺，这对孩子来说，是多么不公平。

4

其实很多时候，你只要心念一转，就会发现"问题"本非"问题"，只是在向我们传递某种信息。接受这些信息，准确地解读这些信息，一切也许就此不同。

相信大家一定有过类似的经历——每当工作很累或者心情不好的时候，就会觉得孩子格外闹腾，特别难带。尤其是当我们忍住怒火，耐着性子给他们讲半天道理，他们不仅不听，反而变本加厉地挑战我们的极限。

以前，我总觉得，这就是孩子的问题！是孩子不懂事，不能体谅我们的心情！但后来我发现，不是孩子不懂我们，孩子会这样，反而是因为他们太懂我们了——当我们"耐着性子"去说服孩子的时候，脸上其实是写满了急躁、焦虑、不耐烦，甚至愤怒的情绪。尽管我们觉得自己隐藏得很好，但我们身体各部位的肌肉，我们说话时的语气、语调、音量早已在不知不觉中出卖了我们。

　　孩子无疑是敏感的，他们会透过我们那张"耐着性子"的脸，看穿我们的内在情绪，并受其左右，产生恐慌、焦虑、委屈、愤怒等情绪，失去安全感。为了重获安全感，他们不得不一而再，再而三地试探我们，故意以挑战我们的极限来确认自己是否被爱。

　　孩子的这种"不乖"，其实是对我们情绪最诚实的回应。

　　所以，每当我们觉得孩子们难带时，不妨试着去问问自己下面几个问题：

　　是我个人的状态出现问题了吗？

　　是我们的家庭关系出现问题了吗？

　　是我对孩子的关注不够多或者关注的方式有问题吗？

　　是我与孩子相处时内心焦虑、疲惫，或者陪伴他们时显得有些勉强吗？

　　……

　　也许，当我们找到这些问题的答案，就会一下子解锁眼前的育儿困境。

　　陶行知先生曾说："人人都说小孩小，谁知人小心不小。你若小看小孩子，便比小孩还要小。"

　　果然是字字箴言。孩子虽然小，但他们是完整而独立的个体，并不是谁的复制品，不要小看了他们的能力。

　　为人父母，是这个世界上最需要学习的一份职业。尽管我们都不是完美的父母，我们也无须去逼迫自己给孩子一个完美的家庭，但我们永远不能放弃的，是和孩子一起成长。

　　意识到问题，及时改变，一切皆有转机。

让孩子"零起点"入学，你敢吗？

1

今天早晨，和包子爸一起送小笼包上学。

小笼包很骄傲地说："我今天去幼儿园就上大班了！"

我点点头："是的，小笼包又长大了一点儿，是大班的大姐姐了。"

"等我明年这会儿，可就要上学了！"小笼包语气里止不住兴奋。

"是的，明年这个时候，你就上一年级了。"

看着小笼包粉扑扑的小脸，一闪一闪的睫毛，我这老母亲心里一阵感动——时间真快啊，想想小笼包刚上幼儿园时，站在门口拉着我的衣角哭着不让我走的情景似乎还在眼前，可转眼间，竟然就是大班的小姑娘了。到明年，就要上小学了。

天哪！我竟然有了一个上小学的孩子！

想到这里，忍不住有种想要老泪纵横的感觉。

正在这时，一个幽幽的男低音传来，包子爸出场了："哎，是呀，明年这会儿啊，你就要上一年级了。到时候你就得写作业了，每天都得写作业，好多好多作业，得从白天写到黑夜，说不定还得写到半夜十一二点，可累人了。而且不仅寒假有作业，暑假也有作业……你除了吃饭喝水睡觉，很重要的一件事情，就是写作业。"

小笼包显然是被爸爸的话有点儿吓蒙了，瞬间陷入了沉默。

我见状，赶紧安慰小笼包："你爸说的那都是二十多年前的事了，现在上一年级的小朋友作业可少了，说不定都不用写。"

"真的吗？"

"当然，妈妈什么时候骗过你？每次骗你的都是你爸。"

"嗯，那倒是。"小笼包听了，终于咧开小嘴笑了，脚步轻快地扭身进了教室。

送完小笼包后，我回到车上，使劲儿拧了一把包子爸的老腰："你就不能给你闺女留点对上学的美好憧憬吗？什么叫天天写作业，换我听了也不乐意上学了。而且，亏你还是一线的媒体工作者呢，你不知道教育部前两天刚下文件，以后一年级的小朋友都不用写作业了吗？"

2

我可不是忽悠包子爸，我说的是真的。

前两天，教育部等八部门印发《综合防控儿童青少年近视实施方案》。里面提到，据国家卫生健康委2018年6月通报，由于中小学生课内外负担加重，智能手机、平板电脑等电子产品普及，用眼过度、缺乏体育锻炼和户外活动等因素，我国儿童青少年近视率已居世界第一。所以，为了综合防控青少年近视，对家庭和学校都提出了一些倡议和要求。

对幼儿园来说，严禁"小学化"教学，保证儿童每天两小时以上户外活动，寄宿制幼儿园不得少于三个小时。

对学校来说，除了强化体育课及户外锻炼，更要严格按照"零起点"正常教学：小学一二年级不布置书面家庭作业，三至六年级书面家庭作业完成时间不得超过六十分钟，初中不得超过九十分钟，高中阶段也要合理安排作业时间。

包子爸听我念完文件，一脸不屑："这些还不是说说？我就不信上学的孩子能真不写作业了！除非不高考了。"

一时间，我竟无言以对。毕竟这些年，各种以"减负"为名义的口号太多太多了，但最后大部分都只流于外在形式。

可我是多么希望这次的文件不只是文件啊！因为作为一个五百度的大近视眼，太知道拥有一双明亮眼睛的重要性了。

毫不夸张地说，平常走在路上我如果没有戴眼镜，肯定是十米外六亲不认，五十米外雌雄不辨，一百米外人畜不分。

最奇葩的经历是，大学的时候，有一次和闺密们相约去公共澡堂，那个澡堂比较大，我们四个人，三个近视眼，最后愣是走散了。

运动的时候就更别提了，你流汗吧，眼镜也跟着往下溜，有时候都搞不清楚是你在做运动还是眼镜在做运动。

最气人的是，本来就是单眼皮小眼睛，眼镜戴上的瞬间，眼睛仿佛瞬间又被蒸发走一半。

想去做近视眼手术吧，却总是鼓不起勇气。听说做手术的时候，躺床上都能闻见自己角膜烧焦的味道，再加上包子爸每天吓唬我手术的各种风险，于是只好作罢。

所以平时为了美和方便，就只剩下戴隐形这一条路了。但长时间佩戴隐形眼镜，又会对眼睛造成一定的伤害。因为隐形眼镜是直接佩戴在眼球上的，长时间佩戴会使角膜无法接触空气造成眼睛缺氧，还容易使眼睛疲劳，甚至引发干眼症。除此之外，还会磨损角膜，导致角膜变薄，最严重的还会造成角膜上皮脱落或穿孔的情况……

我的天！写到这里，忍不住赶紧闭起了我的眼睛，养养神——因为今天为了臭美，我还是戴了隐形。

近视眼，除了不方便和不能臭美之外，最可怕的是，据说父母双方都是高度近视眼的，会遗传给下一代。

虽然我和包子爸不属于高度近视，但妥妥地都是近视眼儿。所以，自从小笼包出生后，我就特别注意保护小笼包的眼睛。记得当时听说胡萝卜、蓝莓对眼睛好，给小笼包添辅食时，我最常给她做的就是蓝莓蒸蛋、胡萝卜芹菜鳕鱼粥之类的。小笼包两岁前，对电子产品基本是零接触，直到现在，每天的屏幕时间也严格控制在半小时内。每晚讲故事，我也总是大灯小灯开好多，绝对保证屋子里亮堂堂的。不过由此也带来了一个不太好的"副作用"——在这种环境下听故事，小笼包总是越听越兴奋，越听越清醒。

平时，每当我走在街上，看着那些背着大书包，鼻梁上架着小眼镜儿的孩子，总是会觉得有点儿心疼，也有些担忧——不知道小笼包长大了，面对那么重的课业负担，还能不能保持一双美丽的小眼睛。

所以，那天当我看到教育部这份"保护眼睛"的文件时，真的是欣喜若狂。

虽然不知道最后这政策到底能落实到哪一步，至少大家已经意识到并且开始重视这个问题。

3/

没想到那天到办公室后，就看到一个更好的消息。

《齐鲁晚报》报道，根据山东省教育厅发布的《关于做好小学一年级"零起点"教学工作的通知》，从2018年秋季入学起，小学一年级将实施"零起点"教学。

新闻一出，有许多家长是欢欣鼓舞、拍手称快的，但显然很多家长对"零起点"入学存在很多疑虑和担忧。

我不禁想起了之前看过的一则"关于济南幼小衔接越来越火"的新闻——《济南娃退园报幼小衔接，半年班开价五万+，这钱花得值吗？》。

报道里说，对于许多幼儿园大班孩子的家长来说，上幼小衔接班已成为"刚需"，而家长给孩子选择幼小衔接班的理由大部分是出于焦虑和跟风。

一位家长无奈地说："不是我们非要上，而是其他孩子都上了，我们只能跟着上。如果上学了班上其他孩子都会，会打击我们孩子的自信心。"

在家长的这种心态下，幼小衔接班的收费也水涨船高。以半年班的价格为例，收费普遍在一万元到五万元之间，更有甚者开出了半年班五万五千元的高价，还另收取近三千元的教材费。

相信你看到这里，一定也和我一样好奇，收费比大学学费都高，到底都教了些什么呢？

记者写道，当他伪装成家长调查后发现，这些机构教授的基本内容大部分都是超前"预习"完一年级课程。

当记者把收集到的某幼小衔接机构"自主研发教材"拿给省实验小学的老师看后，老师表示，其中不少生字是一年级下学期才学到的内容，甚至超出了一年级的教学内容。

最让人担忧的还是这些机构的师资问题。很多课外进行幼小衔接教育的老师并不具备相关资质，所以也很难从专业的角度出发对幼小衔接有正确的理解。在记者的走访中，有许多少儿托管机构工作人员直言：谁还不会小学一年级的课程，变个花样照看孩子呗。

在这种情况下，所谓的幼小衔接不过是只重视知识上的片面衔接，而没有注重或者没有真正做到幼儿思维方式、学习习惯、社会技能等方面的衔接。

这样的幼小衔接对孩子真的有好处吗？

对此，一位接受采访的小学校长说道："根据之前的观察，一年级'非零起点'的新生大概有一半以上，但是辅导机构的质量参差不齐，导致许多学生写字姿势、拼音读法等习惯都是错误的，反而不利于学生的学习。所以，让学龄前儿童学习小学知识相当于揠苗助长，表面看'高一截'，但是根基是不扎实的。"

老师们也纷纷表示"抢跑"一时并不代表能"跑"得更远。

临沂一小语文教师表示，在她带过的班级里，有很多孩子都是非"零起点"入学。面对这一现象，她并不赞同："虽然孩子在知识上有一些掌握，但是从成长发育规律来说，幼儿园孩子的肌肉发育还不适合长时间握笔用力，过早地让孩子握笔写字很容易造成孩子握笔姿势的错误。而一旦形成错误的姿势，将很难改正。

"而且，以前上课时有很多孩子，我还没开口，他们就举手，说'我知道'；老师才说了一个知识点，他们就说'我会了'。这种学龄前'抢跑'的结果是扼杀了儿童的天性和创造力，不断消减他们的学习兴趣和好奇心。"

济南某学校一名数学老师也表示，她带的很多一年级学生都是非"零起点"入学。虽然孩子在知识上提前有了一些掌握，但是行为习惯、思维方法方面还是"零起点"，提前掌握知识并不利于孩子学习习惯的培养。

4、

那孩子幼升小，除了上幼小衔接培训班，我们还能做些什么呢？

在两篇新闻报道中，接受采访的老师无一例外地提到了一年级并不是一定要考试考多好，最重要的是良好的学习习惯的培养。

看完这些，不知道大家的感受是怎样的？

我的感受是，"零基础"入学如果能很好地执行下来，对孩子们真的是一件幸事。

毕竟，对于学龄前的孩子，更重要的是有一个健康的身体。

如果一定要学些什么，那就去读更多美丽的图画书，听更多好听的故事；更多地和大自然在一起，看更多动人的风景……然后，努力留住那份珍贵的童真和好奇心。

说到底，真正的幼小衔接也不是花几万块去外面报个班就能随随便便实现的。因为和AOE、数学题等琐碎的知识相比，孩子们入学更需要具备的其实是自理能力、表达能力、人际交往能力、规则意识以及良好的生活和学习习惯。

而这些，显然是不能一蹴而就的，需要在日常生活中一点一滴逐渐形成，而家长在这当中，无疑是最重要的示范者和引路人。

教育不是唠叨，而是做给他看。就像复印件永远和原件脱不了干系——原生家庭的烙印会永远跟随孩子，很难褪去。

最后还想说的一点是，真的很喜欢新闻中那位校长说的一句话："'零基础'不仅是为了减负，更是慢的艺术。"

慢的艺术！这让我突然想到了小时候读蒋婕的《听雨》，虽然当年背得滚瓜烂熟，但其实心里一直无法体会词中的情感。前两天，在一个雨夜，我梦到了故去的爷爷奶奶，当思念在黑夜里氤氲开来，听着窗外的雨，我脑子里突然间蹦出了这首词，一个字一个字地在心里默念，念完我自己呆了半天，那句"悲欢离合总无情。一任阶前、点滴到天明"突然就像雨水，每一个字都滴进了心里。

有很多东西，只有翻越了千山万水你才能真正感知到它。

对于孩子，又何尝不是呢？！

放宽心，电子产品并非洪水猛兽

1/

那天我在文章里写到，小笼包目前每天会看半个小时的
iPad或者手机，结果后台收到了好多留言。

有妈妈问："看手机、iPad不是对孩子不好吗？为什么你
还设置专门的时间？"

也有妈妈问，孩子现在极度沉迷于手机、iPad，不知道接
下来该怎么办？

……

所以这篇文章，就来和大家聊聊孩子的屏幕时间的问题。

所谓屏幕时间，就是指使用电视、手机、平板电脑、游戏
机等有屏幕的电子设备的时间。

首先可以肯定的一点是，长时间毫无节制的屏幕时间，对
孩子来说必然是有百害而无一利的。

因为孩子在玩游戏或者看动画片的时候，只需要短暂地集
中注意力，便可以获得快速、密集且巨大的"回报"。与此同
时，这种强刺激还会让大脑快速产生大量的化学物质多巴胺，
这是与成瘾有关联的一种物质。所以，当孩子们长时间浸润在
这种屏幕时间里，他们就会更渴望这类娱乐，很难再将注意力

集中于读书这样的事情上，长此以往，必将影响学习能力。

2004年，华盛顿大学的克里斯塔基斯（Christakis）博士的一项研究就指出，三岁以前，每多看一小时的电视，七岁的时候就多百分之十的可能会产生注意力障碍的问题。

大量看电视的一至三岁幼儿，他们在学龄早期，往往有注意力、记忆力和阅读困难。

2/

那么，屏幕时间既然会带来这么大的危害，是不是代表着我们要对屏幕时间绝对禁止呢？

不是，也不能。

首先，随着时代和科技的发展，电子产品在我们的生活中无处不在，要想将它赶尽杀绝，显然是不可能的。

其次，很多东西，你越是禁止，对孩子的吸引力反而越大。

就像我前面的文章中写到小笼包吃零食的问题，小笼包小时候，我一点儿"垃圾食品"都不让她吃，所以她对零食一直处于超级渴望的状态，真的是给颗糖就能被骗走的样子。但是后来，当我给零食松了绑，给了她有限的选择权，她能明确知道自己什么时候可以吃、吃什么、吃多少之后，对零食的热度反而降了下来。

禁果往往因为被禁而更加诱人，手机、iPad也是一样的道理。

最后，我们必须承认的一点是，电子产品也有它"能干"的一面。

比如小笼包经常蹦出的那些我从没有给她读过的单词、句子还有童谣，就是从几款她喜欢玩的App里学到的。

加州大学欧文分校互联学习实验室主任、文化人类学家Mimi Ito研究孩子如何利用科技的课题已有二十多年，她说，移动互联网技术会为孩子提供一种"超凡学习"的体验——比如有的孩子借助沙盒游戏《我的世界》（Minecraft）自学编程，自学音乐创作和视频拍摄。

"当孩子对某事物兴趣渐浓、热情高涨时，我们恰恰能利用科技与互联网的融合，将工具、知识和同龄人集结在一起，化作一股强大助推力，帮助孩子用年轻人特有的热情去做自己喜欢做的事情时，他们就有可能以自己的速度（往往是更快的速度）进行学习，'超凡学习'就会发生。"

当然，Mimi Ito教授同时强调："超凡学习"发生的前提，不仅要求父母花时间陪孩子，更需要恰当地引导孩子，让他们把关注点放到网上有质量的内容上。

所以，从这个角度上来说，电子设备非但不是洪水猛兽，还能作为一种工具，帮助孩子们更好地学习新事物和发挥创造力。

3/

正是基于此，2016年，美国儿科学会（AAP）对"儿童电子荧屏时间指导意见"做出了颠覆性的修改：以前的指南在提及儿童面对电子屏幕时用了"暴露"（exposure）一词，建议家长要"严格限制儿童使用电子设备"。而新指南不仅直接认可了电子设备对孩子的益处，允许五岁以下儿童每天最多面对屏幕一小时，并将儿童接触电子屏幕的年龄限制从两岁降低到了一岁半。

儿科医生Jenny Radesky是这份指南的作者之一。

在提到这份指南修改的初衷时，她说到，以前，她自己在管教孩子的时候，主要是不让他们长时间地对着屏幕，而他们在网上做了些什么，反而没太注意。但后来，她注意到孩子们把上网与学习和创造性的玩耍结合了起来，譬如研究数码摄影，观看纪录片并发起讨论，她的想法随即改变了：关于孩子的上网时间，要区分"被动"（如看视频）和"主动"（有创造性地做自己想做的事，玩一些经家长同意的游戏）。真正需要限制的是儿童被动上网的时间，而不是限制所有形式的上网时间。

所以，美国儿科学会的新指南里，特别强调了一个概念，叫作Family Media Plan（全家电子产品的制订计划），并为家长们列出了一些具体的更容易执行的tips。

比如：

★ 十八个月以下的孩子，除了视频聊天以外，避免电子产品的使用。

★ 十八至二十四个月的孩子，如果想引入电子产品，请选择高质量的节目，并且确保和孩子一起观看，帮助孩子理解看到的内容。

★ 二至五岁的儿童可从媒体中学习知识。

不过一些数据显示，过度依赖媒体会扰乱孩子的睡眠和锻炼，同时也会影响到孩子的社交、语言和认知能力的发展。因此，儿科学会建议，屏幕时间应限制在每天一个小时，并且要"高质量"的内容。同时，建议父母和看护人与孩子一起观看，帮助他们理解内容。

★ 对于六岁以上的儿童，儿科学会建议，父母或看护人应该给出时间限制，确保屏幕时间不会影响到锻炼、睡眠及其他健康习惯。

★ 儿童没有辨别能力，家长应选择优质的浏览内容，避免色情、暴力、药物滥用等内容。

★ 电子设备应该摆放在公共区域而不是儿童的卧室。

放在公共区域可以帮助你监管儿童的使用情况以及浏览的内容，并且减少在睡眠时间使用电子设备，保障儿童的睡眠时间。

★ 全家人还应把吃饭和开车时间设定为"无电子产品时间"。

★ 家长要养成健康习惯，有意识地在晚间关闭手机、电视和手提电脑等，给孩子树立一个好榜样。

等等。

从上述建议可以看出，美国儿科学会的最新指导建议更加灵活，不再像以前的"不准看电视"那么一刀切。并且还特别强调家长的引导作用，认为孩子的上网时间应该成为家庭时间的一部分，家庭成员应共同参与。

其实仔细想想看也是，现代社会，电子媒体已然成为我们的一种生活方式，数字生活在孩子幼年时期就已经开始，作为家长，我们不可能永远把孩子放入真空罩子中，与电子产品完全隔绝。

所谓万事宜疏不宜堵，就像指南的作者之一Jenny Radesky说的那样："如果家长能以共同学习者的角色参与电子媒体的互动学习中，并和儿童讨论学习的内容，这样既能增加亲子互动，有利于亲子感情建设，还能调动儿童的参与程度，锻炼孩子使用互联网学习和解决问题的能力，甚至还会产生更多超凡学习的实例，比如小说的读写，自学数学，用航空模拟器学习开飞机……"

所以，如果我们真的想要治疗孩子对手机、iPad上瘾的毛病，与其每天想方设法把家里的电子产品藏起来，倒不如和孩子一起制订Family Media Plan。

通过"家庭屏幕时间契约"，引导孩子明了界限与规则，学会主动辨别和筛选信息，从而建立起一种健康的数字生活理念。

说到底，对孩子来说，最好的教育永远是改善他的思维，使其思维方式优化，而并非蛮横专制和苦口婆心。

本文参考文献：
http://pediatrics.aappublications.org/content/early/2016/10/19/peds.2016-2591.

手机比亲妈还亲！这毛病到底该怎么治？

1

我有个闺密在医院骨科，她说，每年寒暑假，他们科里就会迎来很多低龄颈椎病小患者，经常低头玩电子产品和坐姿不正确，是罪魁祸首。

就在上个星期，他们就接诊了一名十四岁的孩子，因长期玩手机，导致颈椎严重变形，功能退化得像五六十岁的老人。

其实，家长们不是不知道孩子总玩手机的危害，可面对已经上瘾的孩子，很多家长除了忧心忡忡，只能束手无策。

群里曾经有个妈妈私信我，说她三岁的儿子平时只要有机会就要抢她的手机，不给看就大哭大闹。想让他看本书，那根本是不可能的。

她问我："怎么才能让孩子放下手机iPad，拿起书来看？难道真的要把家里所有的iPad、手机扔掉才行吗？"

扔手机的做法显然是不可行的。现在这个时代，手机、电脑作为生活的工具，跟剪刀、钳子一样，已经完全融入了我们的生活，将来也会更深刻地融入孩子们的生活中。如果我们采用"围堵"的方式把孩子跟手机隔离开，只会激化孩子的好奇心，让孩子对手机的兴趣更浓厚，逮住机会就猛玩一通，更容易沉迷其中。而且，我们也不可能永远把孩子用真空罩子罩起来，即便我们在家里禁止孩子接触，孩子在学校、社会中也早晚会接触到。所以，一味禁止只会适得其反。

在上一篇文章中，我们聊到了2016年美国儿科学会（AAP）对"儿童电子荧屏时间指导意见"做出的修改。

该份指南不仅直接认可了电子设备对孩子的益处，允许五岁以下儿童每天最多面对屏幕一个小时，并将儿童接触电子屏幕的年龄限制从两岁降低到了一岁半。并且，指南特别强调的一个概念"Family Media Plan"，即全家电子产品的制订计划——如果我们真的想要治疗孩子对手机、iPad上瘾的毛病，与其每天想方设法把家里的电子产品藏起来，倒不如和孩子一起制订Family Media Plan。

今天我就来和大家分享一下我们家的"Family Media Plan"。

2/

我们家的Family Media Plan，前三条是这样约定的：

第一条，小笼包和小汤圆同学每天享有三十分钟自主屏幕时间；

这里需要说明的有两点：

★ 两人可以选择一起看，也可以选择自己单独看，但观看总时长必须控制在三十分钟内；

★ 小笼包每周两次的线上英语课时间不包含在内。

第二条，关于观看内容：

★ 每周一、三、五是英文动画片或者英文相关App；

★ 每周二、四、六是宝宝巴士相关App；

★ 每周日在二者之间自主选择。

从这一条可以看出来，我们对孩子们观看的内容做了比较详细的设定。

其实这样做的目的只有一个——网上的内容并非都适合孩子，我们要保证孩子在有限的屏幕时间内接触到的都是健康的、有益的、高质量的内容。

第三条，孩子们在每次观看前，需自己设定好闹铃，到时间后主动关掉。

关于这一条，小笼包一直执行得比较好。

她用的是iPad上自带闹钟的定时功能，时间设定一般有两种模式：

★ 15·5·15的模式

即玩十五分钟，休息五分钟，再接着看十五分钟；

★ 10·5·10·5·10的模式

即玩十分钟，休息五分钟，再接着看十分钟，再休息五分钟，最后再看十分钟。

这个一般由小笼包和弟弟自主决定，我们不做干涉。

其实，在刚开始执行这份计划的时候，内容主要就是以上这三条。但在实践过程中，伴随着新问题的出现，我们的计划便也随之慢慢完善。

比如，现在我们计划中有一条是关于iPad的具体使用时间：早晨7点半之后，和晚上8点半之后是不能玩的。

当时发生了一件事，促使我们意识到，这一点是需要完善的。

事情是这样的。

那天早晨，刷牙洗脸完毕后，小笼包突然问爸爸："昨天没有玩iPad，可不可以现在玩一会儿！"

当时已经快7点半了，按照平时，再有五分钟就得出门上幼儿园了，但包子爸还是答应了。于是小笼包便像往常那样，定了十分钟的闹铃。

而这导致的直接后果就是，五分钟后，该出门了，小笼包以时间还没到，死活不肯放下手中的iPad。眼看就要迟到，我劝说无果后，终于忍不住我的暴脾气，冲过去一把夺走了她手里的iPad。最后，小笼包哭哭啼啼地出了门，我的心情也糟糕极了。

送小笼包去幼儿园后，我的心情慢慢平复下来，便开始认真思考到底是哪里出了问题。

仔细想想，小笼包也没错。玩之前，她首先请示了爸爸，然后，还很遵守约定地定了闹钟，正好十分钟，一分钟都没多出来。所以，这件事的根本问题就在于，我们不应该允诺孩子在早晨马上就要出门的那个时间段玩。

于是当天晚上，我们就召开了家庭会议，更加细化了屏幕使用的具体时间，约定早晨7点半之后，和晚上8点半之后不属于自主屏幕时间范围。

原因当然也和孩子们说得很清楚，早晨7点35分就要出门了，时间很紧张，不适合看iPad；

而晚上8点半之后，就要进入洗漱及睡前阅读等环节，我们需要时间去放松下来，所以，也不适合玩。

自从计划中加入这一条后，不仅天下太平了，还意外地治好了小笼包赖床的毛病。就像最近，她迷上了线上英文课里附带的视频，为了能早晨起来看上一段，经常是不到6点半就自己爬起来了。

所以，我们制订的这个计划不是一成不变的，而是一直在实践中不断完善——有一些地方需要不断细化，也有一些地方在随时调整和改变。

再举个例子：一开始，我们的计划约定的是，只要时间到了，不管这一集动画片看没看完，这局游戏结束没结束，都必须立刻关掉。结果真的执行起来，每当看到玩到兴头上闹钟响了，两个娃小脸气鼓鼓的，一副委屈得不得了的样子，我们便又觉得于心不忍。

后来包子爸提出，觉得这一条有点儿不太人性，将心比心，他自己玩游戏的时候，如果正是打到一局关键点，被强迫喊停，一定也是又气又急的。

听完他的话，我也联想了一下自己平时追剧的经历，好像是这么个道理。

于是后来，我们修改了这条规则，把"只要时间到了，就必须立刻关掉"，改成"如果时间到了，遇到一集动画片没看完，或者一关游戏没结束的时候，可以继续看完、玩完。但看完这一集或者打完这一局后，就必须停下来，如果仍旧继续开启下一局，则视为犯规"。

而且，在这个过程中，我们不会去再次提醒他们游戏结束该关掉了，是想借此锻炼一下他们的自控能力。

3/

其实，Family Media Plan的整个过程都是在帮助孩子发展自控能力。

我们都知道，自控力对一个人来说是非常重要的品质，但孩子的自控力有个漫长的发展过程。

美国儿童心理学博士陈鲁说过："儿童从一岁开始就意识到别人会对自己有要求，这个要求有时和自己想干的事情有冲突。他们首先要学的是，为什么大人不让干这件事。即使明白了，因为大脑的不成熟，开始很难控制自己的行为，但起码他们明白自己做的事情不好。但随着年龄的增长，随着大人继续解释，一贯性的要求，孩子的自控能力就会增强。"

说白了，一些良好的品质，不是天生自来的，而是需要我们去花时间训练的。在这个过程中，最重要的，就是我们要放手，并给予孩子完全的信任。

我们要相信孩子可以发展出掌控生活所需的技能，更要信任他们会从错误中学习。这个也是我在正面管教的学习中，悟出的道理。

此外，在我们的Family Media Plan中，还有一条是关于"后果"的。

就是说，当规则被打破，比如当时间到后，孩子并没有停止，该怎么办？

我们的约定是，取消接下来这一周的屏幕时间，直到下一周才能恢复。

包子爸一开始把这叫作惩罚，但我觉得这还不等同于我们以往口中所说的"惩罚"，这是一种事前约定。规则本身并不是惩罚。

一般谈起"惩罚"二字，大家往往会觉得很严厉，总会用"该"或"不该"来讨论它存在的意义。

但现实是，成人也身处于充满罚则的世界中，开车超速、乱停会有罚单，故意逾期不还信用卡账单会被拉入黑名单……

加州大学实验心理学博士洪兰女士谈到这个问题时曾说："'罚'与责任未尽、逾越界限紧紧相连，所以，我们不该让孩子以为惩罚不用存在，或者施以处罚是一种罪恶。如果一个大学生在该来考试的当天却在睡觉，因为根据先前约定的条件受到应有的处罚，这样难道不对吗？真正不应该的是，在教育中以处罚为手段，错乱了它的正当性。例如考不好就打，学不会就骂。"

所以，孩子并非不能接受惩罚，只是一定要说明为什么。

要让孩子从共同的约定、必有的纪律、责任的完成来了解处罚存在的原因与处罚启动的时间，这样，处罚对孩子来说，才是一种教育，而不是威胁。

其实，当初我们家这份Family Media Plan的出台，只是为了教会孩子更健康、合理地使用电子产品，没想到还有一些意外的收获。

比如，在执行计划的初期，弟弟因为年纪小，自控力比较差，闹铃响起时，总是不愿意关掉，甚至很多时候还呼天抢地哭闹一番。

我对小笼包说，弟弟还小，所以需要我们的帮助，帮助他学会遵守约定。

后来，每次弟弟不愿意关掉的时候，小笼包都会很耐心地给弟弟讲道理，说："时间到了，圆圆，我们只有关掉了明天才可以继续看哟……看太久我们会变近视眼的。"

有时候看弟弟在哭闹，小笼包还会拿一些玩具给弟弟或者用讲故事的方法去转移弟弟的注意力。

有时候，姐弟俩一起看，但是因为想看的内容不一样，无法统一意见，经常还没看呢就先打起来了。

后来打着打着发现，打架除了浪费了时间，谁都看不成之外，没有任何好处，所以就慢慢学会了有商有量：

要么想方设法找理由把对方说服了看自己想看的；

要么先看十分钟你的，下一个十分钟再看我的；

再或者，就分开看，你先看完半个小时，我再看我的。

尽管现在，偶尔还是会起争执，但他们从中已经慢慢学会了如何去处理这些纷争和矛盾。

育儿过程中，所有的挑战都是机会，大抵如此。

更有意思的是，以前，这个计划没有出台前，小笼包经常哭喊着看iPad，而她看的时候，我也总是很焦虑。

现在列入了日常计划，她和弟弟反而常常忘记去看。

因为家里有太多其他好玩的东西：乐高、拼图、橡皮泥、磁力片，还有故事书……所以，防止孩子沉迷手机很关键的一点，就是我们要首先放下手机，去丰富孩子的生活，多给予高质量的陪伴。

5

在这个过程中，我还发现了很重要的一点，那就是：我们告诉孩子不能做一件事，一定要清楚地告知其中的理由——这样做会有什么后果，不能让你这么做是什么原因。最起码要告诉孩子，不能长时间去看iPad，看手机，是因为会损害视力，变成近视眼，还会占用我们很多可以用于锻炼身体、互动和读书的时间……

教育孩子不是奴役孩子，孩子若不知道不能做的理由，就会把它解释成："你在，我不做；你不在，我就做。"这样就失去了教育的意义。

所以，绝对不能因为偷懒、怕麻烦或者觉得没有时间，而省略这一步。

看到这里，也许有爸爸妈妈会问我，那我们家到底应该制订一个什么样的计划？

很遗憾，我无法告诉你具体应该制定什么样的规则，因为每个孩子不同，每个家庭情况不同，对我家有效的，未必对你家管用。

最适合你们家的Family Media Plan，一定是只有你们自己才能制订出来。

以上我分享的这些经验和教训，只是希望能给大家带来一些方向和启发。

叶圣陶曾说："养成习惯，换个说法，就是教育。"

好习惯的养成绝非一朝一夕，需要我们做家长的长久的鼓励与陪伴。所以，计划的执行远比计划的制订更加重要，而父母的参与与信任远比任何技巧与方法都有效。

很多时候，决定行为好坏的因素，不是管教的松与严，而是父母参与孩子生活的程度。

孩子是上天的福赐，他的一切来自你，而你的态度，会塑造成最后的他。

第六章

你就是我最想要的幸福

带娃很累，还好有你垫背

1

相信许多妈妈和我一样，上班的日子天天盼着放假，等到真放了假，感觉好像比平日里上班还要忙碌。

首先，那一大堆的家务活儿，忽然不知道从哪儿就蹦了出来。

平时上班忙，回到家里伺候完娃就到了睡觉的点儿，来不及仔细观察，便觉得家里看着还算整洁干净。可这一闲在家里，简直看哪儿哪儿都不顺眼：

哎呀我的天，厨房这灶台油腻到简直不能忍；

哎呀我的妈，柜子上什么时候落的这一层灰？

哎呀我的亲娘哎，这卫生间死角究竟是有多久没清理了？

……

于是，衣服要洗，地板要擦，阳台上养的花花草草也都需要修剪。还有，眼瞅天凉了，全家人的衣橱也得抓紧换季——夏装洗洗晒晒收起来，秋装晾晾熨熨挂上去……感觉这眼睛睁开还没闭过呢，这一天就过去了。

终于到了睡觉时间，你以为可以好好休息一下了。然而，等你爬上床后才发现，床上还有两个刚打完一架的娃，正咧着嘴，鼻涕眼泪流一脸，等着要你评评理。

不过，这还不是最可怕的，最可怕的，是姐姐面前那三座"书山"——那可是两人精心挑选出来一本一本垒起来的啊，讲不完，别想睡。

前天晚上，看我讲得有点儿累了，于是包子爸赶紧伸出援手："现在，换爸爸来给你们讲好不好？"

没想到，热脸贴了冷屁股，姐弟俩满脸嫌弃："不要，爸爸念的英语不好听。"

听完姐弟俩的话，我看着弟弟手中的那本*Super Dad*，忍不住笑出了猪叫声。

不过，包子爸不愧为我的好队友，虽然被娃们"鄙视"了，依旧没有放弃向我伸出援手，继续和姐弟俩斡旋："这样吧，咱们约定，讲完这一本就睡，今天你们早点儿睡，因为我和你们妈妈有事要办？"

姐姐问："什么事？"

包子爸瞅了我一眼，嘿嘿地笑："看电影。"

我狠狠地给了他一个白眼儿——大喘气也不带这么喘的好吗？吓得我额头的汗都冒出来了……

弟弟有点儿晕，问："为什么要看电影？"

爸爸说："因为我和妈妈工作太累了，要娱乐放松一下。"

姐姐问："你们看什么电影？"

爸爸说："那可不能告诉你，这是我和妈妈的秘密。"

看我又瞪圆了眼睛，包子爸这才不紧不慢地说："谍战片，你们看不懂。"

姐姐继续问："谍战片是讲什么的？"

……

十几分钟后，姐弟俩经过了一番盘问，终于答应和我拉钩约定："讲完这一本*Super Dad*就睡觉，谁不睡，谁就是小狗儿。"

五分钟后，我讲完了这本书。没想到，我刚把书合上，弟弟便一把把书拽过去，脸上露着狡黠的笑："我是小狗，再讲一次。"

姐姐听到了，仿佛暗夜中突然看到了一点儿星光，紧紧搂住弟弟："圆圆，我觉得当小狗也挺好的，小狗可爱。"

那一刻我才突然想起来，弟弟最喜欢的卡通形象里就有汪汪队。我太低估了狗狗在他们心中的形象和地位。

2

其实假期里，夜晚的床上时光，只是与娃战斗的一点缩影。

熊孩子休息在家，那可是充电五分钟，待机二十四小时——不是抱着书缠着要你讲，就是追着你问十万个为什么；要不然就是跟在你屁股后面，你前脚刚收进柜子里的东西，他们后脚就给你搬了出来……

或者某一个瞬间，娃终于安静了一小会儿，你还没来得及偷偷乐一下呢，然后就发现你新买的口红已然被拿去当了蜡笔，壮烈牺牲……那一刻，世界上没有任何语言可以描述我的心情。

不过，每当我和包子爸哭诉养娃的苦楚，包子爸就会眯起那双本来就很小的眼睛，意味深长地安慰我："别难过，现在多一个娃虽然是累了点儿，但人就是生产力啊，等将来他们长大了，打拖拉机咱都不用请外援，正好凑一桌。"

我听了，一口水差点儿喷他脸上。

好吧，作为一个不会打麻将的男人，某人这辈子估计也就剩打拖拉机这点儿追求了。

不过，关于人多力量大这件事，我倒是真的体会到了一些。

比如，因为两个娃身体内携带了爸爸爱吃肉的基因，所以我们家的鸡腿和排骨总是消耗得特别快；

又比如，玩橡皮泥的时候，姐姐捏个兔子，弟弟捏个猴子……两盒橡皮泥根本玩不过三天；

再比如，玩乐高的时候，弟弟要搭一个挖掘机去修路，姐姐想搭个大房子给布娃娃住，搭着搭着积木便总是不够用，于是，两人逢玩必抢，抢输的那个人必哭。

其实，每当这个时候，我都很有再下单多买几套回来甩在他们面前，大吼一句"玩去吧你们"的冲动，但看看价格，便瞬间冷静了下来，不知道哪里来了一股神秘的力量使劲儿按住了我的口袋："嗯，或者，也许，抢抢更健康？"

3

不过，养娃这件事，除了让你觉得总是很穷、很累之外，好像也真找不出别的缺点了。

尤其现在的娃小嘴都甜得和蜜似的，一个搂着你说："妈妈，你是公主。"一个亲你一口说："妈妈我永远爱你。"哄得你瞬间晕晕乎乎，分不清南北东西，然后，他们提什么要求你都只会点头答应。

比如，明明已经累成狗了，头没空梳，脸没空洗，但还是屁颠儿屁颠儿地陪人家玩"公主与骑士"的桌游。然后，轮到抽到问题卡的时候，还要认认真真回答那些近乎"弱智的问题"：

光屁股出门对不对？

当然不对，得穿裤子，私密部位要盖住。

在路上随地大小便行不行？

当然不行。狗狗都不能随便做的事，更别提人了。

……

不过，这玩桌游其实还算是好的，毕竟是在家里，好歹可以坐着。最可怕的是明明困到眼睛都睁不开，还要被娃拖着出去遛腿儿。

中秋节那天上午，因为头一天刚写二十四节气的推文，我中午12点多才睡，正在梦里逛商场呢，刚试穿了一条喜欢的裙子，就硬生生地被娃晃醒了。

姐姐说："妈妈，我梦到大熊猫和我一起吃冰激凌了，粉色的，草莓口味的，我要去动物园看大熊猫。"

弟弟听见不开心了："不行，我要看大象！"

"熊猫！"

"大象！"

"熊猫！"

"大象！"

……

就这样，姐弟俩你一言我一语地就吵了起来。

我终于彻底清醒了："别吵啦，别吵啦！都看，都看！"

可是，我还梦见逛商场买裙子了呢？为啥没人陪我逛街？

4/

中秋日，我们全家出动，去了趟动物园，一家人在动物园里度过了无比美（累）好（劈）的一天。

回家路上，弟弟终于困到支撑不住睡着了，我的两条腿也沉到几乎快要抬不起来。

心里正牢骚着"你说好好的人生，生什么娃，还一生生两个，真是太想不开了"的时候，突然看到走在前面的包子爸，此时他肩上扛着一个，手里牵着一个，突然扭过头来，笑着问我："累不累，老婆？晚上想吃什么？"

我是真的没想起来，于是随口说："啥都行，你做啥我就吃啥……"

于是他便自己开始念叨着："你爱吃鱼，回去给你蒸条黄花儿；娃们爱吃鸡，回去炖个土豆鸡块；妈爱吃丸子，再做个丸子汤……"

我本来泪窝就浅，那天，一路走一路听着他念，眼泪一下子就打了转儿。

晚饭后，包子爸带着我们娘仨上天台去看月亮——看着孩子们蹦着笑着，咬一口月饼，塞一个甜枣，数着星星，碰着酒杯……我全身的疲惫突然就一扫而光，快乐似乎俯拾皆是、随手可取，突然就觉得，和爱的人多生几个孩子还是挺好的。如果没有一起经历养娃过程中的辛苦疲惫，又怎能有机会体会到爱人的担当与彼此间的疼惜是多么难得和珍贵。

生活就是这样吧。付出与得到，永远都是守恒的。不会永远一路顺遂没有风浪，更不可能永远只有甜蜜和悠闲。但如果累的时候，身边有一个这样的人，用他的善良、宽容、勤奋、豁达，还有爱，陪着你，感染着你，让你从疲惫中找到力量和勇气，在黑暗中看到星光，这可真好！

"七年之样"

1/

2018年5月20日，是我和包子爸领证七周年的日子。

其实，当初领证的时候，一直想着找个特别一点的日子来着，选来选去，最后选定了5月20日。

理由嘛，很简单，5·20，我爱你。寓意好，又特别，多么完美的一天。可我们谁都没想到，后来的5·20，竟会演变成一个全民狂欢撒狗粮的节日。于是，原本是想搞点儿"特别"的我们，因为这个日子，变成了连发个朋友圈都会被淹死在人海里的状态。

唉，也许这就是生活，我们总是看得到开头，却猜不到结局。所以后来，再到我们纪念日的时候，我便懒得发些什么了。

倒是包子爸，这个平时从来不主动发圈的人，却在每年的这一天，坚持不懈地把我拉出来晒晒。

风格一般是这样的：要么是发张我们结婚证的照片，并把日期局部截图以示特别；要么精挑细选，选出一张我们全家都特别真实（丑）的照片，无PS直接Po出来。每当我质疑丑，他就满脸惊愕："怎么会丑呢？哪里丑？""怎么会黑呢？哪里黑？""多好，多自然。"

好吧，在爱你的人眼里，你总是最美的。

2/

今年的纪念日和往年有点儿不一样。

就在距离纪念日还有十来天的时候，有一天，我突然看到一个照相馆推出了结婚纪念照主题。我心里欢呼，这个好哎！

我拉着包子爸去拍了几张，一来可以留个纪念，二来他就没机会挑我们丑的照片发了。有几张拍得真挺好，把我们老夫老妻的那种甜蜜幸福表现得淋漓尽致。但也有两张，摄影师大概是想让我们看起来年轻有活力一点儿吧，设计了几个可爱的动作，无奈我俩一不小心用力过猛，最后呈现出的感觉，怎么说呢，就像两条搔首弄姿的"老咸菜"。拿到照片的那一瞬间，我对着包子爸千叮咛万嘱咐，你要是发，千万别发这两张，剩下的这些随便选。

到了5·20那天，我一睁开眼睛，就看到了包子爸发的朋友圈。

好嘛，趁着黎明静悄悄我还没睡醒的时候，到底还是把那两张"老咸菜"全发出去了。本来我想把他抓过来"兴师问罪"一番的，却在看到"七年之样"四个字的瞬间，愣了神。那盖着红盖头，在噼里啪啦的鞭炮声中被包子爸抱下大花轿的情形还历历在目，怎的就已经七年！

3/

其实，关于七周年的纪念日，我们曾经达成一致，一定要好好策划一下，留一个独一无二的纪念。

于是，从马尔代夫、普吉岛，再到巴黎圣母院和埃菲尔铁塔，我们认认真真地看攻略，做预算。最终，在今年4月，我们选定了5月15日从济南直飞泰国甲米。这样可以节省时间，省去转机的疲劳，先出海进行甲米一日游，跟团环游安达曼海一圈，游玩神奇四岛、天堂湾到达美丽的皮皮岛，一路上不走回头路，然后晚上驱车到普吉岛，第三天就可以开始自由行……

定下旅行后，虽然还没出发，但一想到即将到来的旅行，想到那美如天堂般的热带岛屿群，摇曳的棕榈树，多层次的海水，飘香的榴梿味，好吃的杧果糯米饭……就觉得浑身都是劲儿。

然而，计划永远赶不上变化。4月底的时候，我突然收到了国际戏剧教育大会将于5月11—14日在北京召开的通知。这是我从去年年底接触戏剧教育以来，一直梦寐以求想要参加的大会，不仅可以现场亲临大师讲座，还有很多深度工作坊可以学习。错过这次，还得再等一年。

犹豫纠结许久之后，我最终还是决定放弃旅行，去北京参加大会。

看我有点儿失魂落魄的样子，包子爸趴在我耳朵边神神秘秘地说："不能去旅行也没关系，纪念日可以更特别。"

于是，在上周日，也就是5月20日早晨5点半，我就这么被包子爸从被窝里拽去了菜市场。

好吧，我只能说，这种庆祝结婚纪念日的方式，的确是很特别。

这是我第一次这么早逛菜市场。头天晚上刚下过雨，空气里满是泥土的香味，让人瞬间感觉神清气爽。更让我兴奋的是，那天我第一次看到了鲜嫩欲滴的山间野菜，也是第一次发现，樱桃、山杏、小毛桃就那么随意被摆在竹筐里，却比任何艺术品都好看……包子爸各种买买买，我则举着手机，各种拍拍拍。

突然，包子爸问我："老婆，你知道我为什么要带你来菜市场吗？"

我摇摇头。

他把我的手放进他的手心，说："其实每次逛菜市场，我都觉得它是离家最近、最具烟火气息的地方。比如，当你看到那山杏儿和野菜摆在一起，就知道，这是自家种的，妈爱吃杏，可以买点儿；当你看卖豆腐的大爷面前升起腾腾热气，就会想，这豆腐刚出锅，新鲜，我媳妇爱吃，也得买点儿；你再看那边卖鱼的大婶给顾客刮鱼鳞的时候，鱼嘴巴张着还在蹦，就会想起家里的孩子们需要多吃鱼，所以也要买点儿……于是，就在这到处充斥着嘈杂声的菜市场里，在这挑菜选菜、讨价还价的你来我往中，你真切地感受着你对每一个家人的爱，感受到你的生活不是飘在云端，而是实实在在落在地上。今年是咱俩结婚七年，你说家是什么？我觉得就像这菜市场吧，也许有的时候，我们会嫌弃它的市井气，可是，不逛菜市场，你就不懂那种挑到好食材的欣喜，也不懂食材变成佳肴的奇妙，更不懂什么是生活美味。所以，什么是婚姻？所谓一日三餐，晨暮日常。就像我们现在，拉着小车，满载而归，路上计划着家常的菜谱，聊着最琐碎的日常，却是最舒畅的时光。"

包子爸一边说，一边使劲儿握紧我的手。

我抬起头，看着他的眼睛——他眼睛里带着笑意，但更有一种我好像从未曾见过的成熟与坚定。我心里一下子暖暖的，想说些什么，却什么也说不出口，只是任他拉着我的手，一点一点向前走去。

这是婚后七年的我们。

窗外，初夏已至，小满未满，刚刚好。

你好，我便好；你若不好，我如何是好？

1

五一的时候，我和包子爸去逛街。因为包子爸说想买件皮肤衣，我也觉得他确实该买一件了。因为他身上穿的还是三年前在太原时，台里面发的那件狼爪。

那天，我们去的是泰安的万达，可逛了快一圈儿都没碰到合适的，要么就是颜色太嫩，要么就是款式太老气。后来好不容易看上了一件，还是狼爪，款式颜色都满意，但一看吊牌，打折后还要九百多，包子爸又犹豫了。

我劝他："买吧，难得碰上喜欢的。"

他纠结："就是觉得有点儿贵。"

我说："喜欢就行啊，去年夏天就没买过，今年也该买了。"

包子爸沉思片刻，还是固执地放了回去："也不是非买不可，再逛逛看，再逛逛看。"

于是我们继续逛，不知不觉逛到了女装区。在一家店里，我一眼就相中了一条白蓝相间的连衣裙。

包子爸怂恿我："快去试试。"

我试了试，上身，真的挺好看。

这时，店员又热情地给我推荐了另外一款粉色纱裙，说这是他们家新到的，穿上特别仙。

包子爸听了，又怂恿我："快去试试。"

于是，我又试了试，上身，也很好看。

看了看吊牌，两条裙子都是八百多。这下可麻烦了，两条都好喜欢，舍弃哪一条都感觉心在流血。

看我犹豫不决，包子爸说："没事儿，喜欢就都买。"

我咂舌，太贵了，而且前两天才买了一条半身裙。

包子爸说："那衣服和衣服还不一样呢，我看你穿这两条都好看，都买了吧，就这么定了。"说完，便跟着店员去交钱了。

于是，本来是奔着给包子爸买皮肤衣去的，结果我买了两条裙子，而包子爸什么都没买。

那天回家的路上，我心里有点儿过意不去，包子爸看出了我的小心思，于是把我的手紧紧攥在自己手心："没事老婆，我一个大老爷们儿，穿什么都行，只要你穿得漂亮，我就高兴。"

2⁄

后来我在公众号发了照片，好多妈妈在后台夸我的裙子好看。

包子爸看着留言，嘴角满是得意的笑："你看，幸亏买了吧，多好看。"

我看他那张熟悉到不能再熟悉的脸，突然间涌上了一种说不出的暖。

我们属于人到中年，上有老下有小，还背着房贷的那种，所以尽管每天拼命努力，好像也只是刚刚好。我们每个月的预算有限，根本没法想买啥就买啥。可包子爸总是省钱给我，给娃，给这个家，他自己的需求永远排在最最后面。

有一天晚上，我下班回家，手机没电了，因为着急回复后台信息，便用了包子爸的手机。

很久没碰过他的手机了，他一直用的是我很久以前替换下来的一部旧iPhone，这一用，才发现，真的是分分钟卡死。

我说："老公，你手机这么难用了，换一个吧。"

他回："不用。"

我说："换一个吧，真的超级卡。"

他一边给姐姐剪着指甲，一边说："不用换，我用着还行。"

作为一个资深果粉儿，我知道他不是不想买，而是舍不得。家里要花钱的地方太多了，比如我们今年打算给小笼包买架钢琴；比如我们一直想彻底改造一下阳台，搭成一个大大的阳光房，里面再种上花花草草，和宝贝们一起坐着摇椅晒太阳；比如我上个月刚去上海学习了正面管教，这个月又准备去北京参加国际戏剧教育大会，来回住宿、路费，都是钱……

结婚七年，我深深懂得，物质基础实在太过重要，婚姻就是柴米油盐酱醋茶堆起来的。我们吃的每一粒米，喝的每一口水，都是日子里的精打细算。所以，之前每当有未婚小姑娘问我到底该嫁给什么样的人的时候，我总笑着说："有房有车有钱。"

看着她们惊讶地瞪大了眼睛，我就笑了："这些当然很重要，但又不是最重要。一个人能不能嫁，最关键的是，你能不能感觉到，你在他心里很重要。"

因为所谓爱情，所谓婚姻，其实说起来很简单，有时候简单到只剩一个排序，那就是：虽然我有很多喜欢在乎的东西，但为了你，为了我们，为了我们的家，我愿意等待、舍弃和成全。

3/

前两天，看了一篇文章，杨绛老师谈到她和钱钟书的婚姻。

杨绛说，抗战时期在上海，生活艰难。这个时候，钱钟书提出说他想写一部长篇小说，杨绛不仅赞成，还很高兴："我要他减少教课钟点，致力写作。"

于是，为了节省开销，杨绛辞掉了女佣，心甘情愿地成了一名"灶下婢"。从大小姐到老妈子，也许在很多人眼里看起来，都不亚于一场灾难，但杨绛看得很自然。

"角色变化而已，并不感觉委屈。为什么？因为这种牺牲，不是盲目的，而是出于理解和爱。我爱丈夫，胜过自己。理解愈深，感情愈好。相互理解，才有自觉的相互支持。"

也许正是因为有了爱，有了理解，所以在杨绛眼中，所有的苦都可以转变成快乐。

"握笔的手初干粗活儿免不了伤痕累累，一会儿劈柴木刺扎进了皮肉，一会儿又烫起了泡。不过吃苦中倒也学会了不少本领，使我很自豪。

"钱钟书知我爱面子，大家闺秀第一次挎个菜篮子出门有点儿难为情，特陪我同去小菜场。两人有说有笑买了菜，也见识到社会一角的众生百相。

"他怕我太劳累，自己关上卫生间的门悄悄洗衣服，当然洗得一塌糊涂，统统得重洗，（但）他的体己让我感动。"

当时读到这里，真的被感动到泪眼婆娑。也许婚姻本来就是这样，它并不能让你每一天都开开心心，也无法让你一直体会到激情和爱，甚至很多时候，还是相反的，它用一张红纸束缚住你的手脚，把一大堆不相干的三姑六婆人情世故和你捆绑在一起，让你烦躁且疲惫不堪。但有了婚姻，生命中就突然有了一扇永远敞开的门，门里，是你跋山涉水千辛万苦找到的愿意共度余生的人。当你遇到好事，第一个想分享的就是这个人；遇到难处，第一个来相助的也是他。

所以，婚姻到底是什么？

也许真的很简单——你好，我便好；你若不好，我如何是好？

追求梦想时，请感激那个站在你身后给你依托的人

1

早晨临出门，看到了这一幕，忍不住泪目。

包子奶奶在厨房里一手抱着孩子，一手给孩子烙着饼。要知道两岁多的小汤圆，已经九十多厘米，近三十斤。

我上去赶紧从包子奶奶怀里接过孩子，那一瞬间，我突然很懊悔：我刚才为什么要多睡那半个小时，如果我早起来一会儿，包子奶奶就不用抱着孩子做早餐。想到这里，我突然意识到，除了早餐，还有午饭……平日里，我只知道包子奶奶在家一拖二带着小笼包、小汤圆很辛苦，却粗心到从没有去细想，包子奶奶一个人拖着两个孩子每天都是怎么做饭、怎么吃饭的？

那一瞬间，突然有种罢工的冲动，特别想扔掉工作，留在家里专心陪陪孩子，也让包子奶奶好好休息休息。可是，冷静下来，不行啊，手头还有那么多活儿是今天必须做完的。

包子奶奶看出了我的顾虑，安慰我："快上班去，我这儿没事，都习惯了，孩子们很乖。"

走出家门，也许真的是春天到了吧，今天的天特别蓝，阳光特别暖，但我的脚步很重。

曾在一篇文章里看过这样一段话："六十岁和十六岁一样，是人生最美好的年纪，在这个岁数上，中年的负担已经卸下，七八十岁的迟缓和病痛还没有来临，正是享受生活的时候。"但包子奶奶背井离乡，远离了原本熟悉的生活和环境，扔下老伴丢下朋友，只为了帮我养育这一双儿女。

那天，群里有个妈妈问我："包子妈你又要上班，还有两个孩子，还有那么多时间给姐弟俩读书，你是怎么管理时间的啊，秘笈是什么啊？"

我回复："秘笈就是我有一个好婆婆，小笼包和弟弟有个好奶奶。"

正因为有包子奶奶帮我看孩子，我才能走出家门去上班，不用二十四小时沦陷于孩子的屎尿屁；

正因为包子奶奶帮我承担了大部分的家务，我下班后的所有时间才能用来陪伴孩子，给他们讲故事，和他们做游戏；

正因为有了包子奶奶，许多的假期周末，我才能挤出时间来去上课充电学习，心无旁骛地去追逐心中的那个小梦想。

很多人都说，这个年纪了，还有梦想，其实挺难得的。但我觉得，这个年纪最难得的不是有梦想，而是能有个人站在你身后，替你扛起了生活中所有的鸡零狗碎和一地鸡毛，给予你义无反顾的理解和最大限度的支持，让你心无旁骛地去追求梦想。

这个人，也许是帮你照顾孩子的父母，也许是你全职在家照顾孩子的妻子。

2/

前两天在微博上看到一张照片，是一位抱着孩子做饭的妈妈，看得鼻子酸酸的。

当许多人还在吐槽老人带孩子的各种问题时，还有很多人没有那么幸运，没有老人帮忙，所以，她们只能放弃工作回家成为一名全职妈妈。

那张图只是全职妈妈带孩子日常的一个小小缩影。在我身边，有许多全职妈妈终日陷在孩子的屎尿屁和无穷的家务里。身体疲惫不说，还要时刻面对与社会脱节、失去学习力和竞争力以及与另一半无法同步成长的压力。而让她们最难过的还是来自另一半的不理解：他们不能理解全职妈妈的辛苦，觉得带孩子是在享清福；他们看不到全职妈妈的价值和牺牲，心里想的都是"还不是我养你"。但他们也许忘记了，如果没有妻子在家中打理一切，他们又怎么能安心地上班加班、放心地喝酒应酬、顺风顺水地升职加薪、全力以赴实现自己的人生理想呢？

一直很喜欢安东尼·布朗的《朱家故事》。

故事中的朱太太，每天生活在繁重的家务劳动和在家人的指手画脚中，承担家务之余还要准时准点去上班，终于有一天她累了，选择短期离开家。她不在家的日子，她丈夫和儿子过上了鸡飞狗跳的生活。

故事最后，虽然朱太太依然放不下那份牵挂，回到了家，但爸爸开始带着孩子做家务，而朱太太呢，则把车修好了。

幸好安东尼·布朗给了我们一个让人开心的结尾。这个结尾也让我们看到了，其实，每一位全职妈妈都是超人，走出家门，她们原本都可以绽放更加夺目的光彩。只是为了你的梦想，她们心甘情愿囿于厨房和爱。

3/

我想，每个追梦的人都是勇敢的。

人最难的就是能在重重困难和一次次失败后依然相信梦想，一路向前。我们要感谢那个痴心逐梦不轻言放弃的自己，更要感谢追梦路上一路上陪伴我们风雨前行的人。因为，在这个世界上，有一种付出叫作成全，还有一种成全叫作想念。

就像前段时间，在网上戳中无数人泪点的那个视频。

一个七岁的女孩哭诉父亲只爱工作，根本不爱她。视频中，女儿控诉道："工作才是你的亲生女儿。""工作才是你最重要的，你只晓得工作。"

隔着屏幕，都能感受到小女孩的满腔委屈。然而这是一位记者爸爸的忙碌的生活日常。

看完，五味杂陈。很多时候，我们为了追梦，不得不舍弃对家人的陪伴，也因此错过了很多孩子成长的瞬间。然而，尽管你总是缺席，只要你给他们一分钟，他们依然会不计前嫌，毫不犹豫地冲向你身边。

梦想真的很贵。从某种意义上来说，它已经不只是你的彼岸，更承载着家人的爱和拼尽全力。

这个上午，我坐在办公室里，反反复复查看着早晨拍的那张包子奶奶抱着小汤圆做饭的照片，心底溢满了感谢和真切的心疼。

　　我揉着发酸的眼睛，给包子爸发了一条微信："感谢妈妈，帮我们看娃，帮我们分担生活中的一地鸡毛和鸡零狗碎；感谢宝宝们，在没有爸爸妈妈陪伴的时光里，努力长大；梦想真的很贵，我们唯有好好努力，用力珍惜。"

谢谢你把我宠成了孩子

1/

那天收拾家，翻出了一张便笺，是去年情人节的时候，包子爸写给我的：

"老婆，今天是情人节，也是你的受难日，两年前的今天，小汤圆出生，我们的三口之家变成了幸福的四人世界。老婆，你辛苦了，我爱你！在我心里，你一直美好得如同我当初刚爱上你时一样。"

字很丑，话却很美。我是个爱哭的人，当时看着这张便笺，我的眼泪簌簌落了下来。

当爱情走进婚姻，当我们卸下了所有的面具，当面对彼此打嗝放屁挖鼻屎发脾气都变成了像吃饭一样的日常，当看过了我所有不美好的样子，他竟然说，我美好得像当初一样……

当初，是什么时候呢？我开始仔细回想，好像恋爱没多久，他就见过了我特别丑的模样。

记得那是2009年的冬天，甲流肆虐，向来很少感冒的我，竟然中招了。

那天，当我顶着昏昏沉沉的脑袋完成采访后，一进家门，倒在床上便再也爬起不来了。

高烧伴着从来没有过的浑身酸疼和头痛欲裂，让我都记不起来当时还只是普通同事的包子爸是怎么知道我生病的，只记得他突然就出现在了我家，然后把我扛去了医院。

当时说到甲流，草木皆兵。所以到了医院，在被抽了好几管血后，我被医生单独安排在一个病房里打点滴。

医生扎完针临出门的时候，满脸严肃地嘱咐一旁的包子爸："小伙子，赶紧戴个口罩。"

我烧得昏昏沉沉，但听完医生的话，还是挣扎着扭头对包子爸说："你走吧，万一我真是'甲流'，传染给你怎么办？"

包子爸看着我，愣了一下，说："奶奶年纪大了，总不能让她来照顾你，今晚我在这里陪你，你睡会儿吧。"

然后，他在我床边坐下，把手覆在我输液的手上面，用掌心的温度一点点暖着我因为输液而冰凉的手。

当他的手掌触碰到我肌肤的瞬间，一种从未有过的暖意从心底深处汹涌而来，我本想说声感谢，但酝酿了很久，竟蹦出一句："你不怕死啊？"

包子爸瞪大眼睛，瞅着我："你还真是会说话啊！死啊死的！不过真死了，能让你永远记住我，也挺好的。"说完，他嘴角露出一抹笑，带着点儿狡黠，又带着点儿暖。

那个晚上的我，虚弱、苍白、鼻涕眼泪齐飞，蓬头垢面。他就一直坐在我床边，用温暖的手掌抚着我的额头，给我喂水，擦眼泪，擦鼻涕……

后来，哪怕我已成为他的妻子许多年，每次想起那个晚上——病房里，灯光下，他对我不眠不休的照顾，还有那眼里的焦急，心疼的语气，都会有一种美好温暖的感觉直抵我心间。

从恋爱到婚姻的九年时间，我知道，我并非一个完美的妻子。

我尽管外表看起来柔弱娴静，但因为自幼和父母分开，童年的缺失曾让我心底埋藏着很深的自卑和不安全感。

一方面，我做事总是小心翼翼，习惯放低姿态去讨好身边的人，生怕一个不小心，有一点没做好，就被旁人嫌弃和抛弃；但另一方面，我又脆弱敏感、焦虑暴躁，就像一只刺猬，常常因为一点儿小事，就会情绪崩溃失控。可每次不管我怎么样失控，包子爸都只是稳稳地站在我身边，看着我，听我说，不做任何评判。等我说完，再拉我进怀，告诉我，他在！他懂！

于是渐渐地，我开始一点一点觉得，我不再是个被世界遗弃的孩子。我发现，原来我不用再拼尽全力去表现完美也能被人尊重和看见。我知道，这世界上，有个人爱我。他看过我最不美好的样子，却仍然爱我。这让我无比心安。

2

有一次，因为要做一个原生家庭对个人成长影响的选题，我去拜访一位心理学教授。

聊着聊着，就聊到了我的成长和婚姻。

教授听完我的讲述，眼睛湿润了，她说："孩子，你知道你有多幸运吗？不是所有人都能顺利走出童年阴影的。是你的丈夫，是他对你足够的爱和包容，让你有了足够强大的心理支撑，回到你的童年世界。在这个过程中，从某种意义上说，他已经不仅是丈夫，他还承担了父亲的角色，陪着你一起找到了那个孤单、敏感、需要爱的小女孩，又陪着你重新长大了一遍。"

那天，回家的路上，想着教授的话，我的心里一直不能平静。

我突然想起来包子爸常对小笼包说的那句话，他说他有三个宝贝——"妈妈是老大，你是老二，弟弟是老三"，他这辈子的任务，就是好好地宠着我们三个！

以前，我总把他这句话当成无厘头的玩笑话，但现在回想起来，我竟然真的已在不知不觉中被他宠成了孩子。

是啊，如果只是丈夫，怎会有如此细心呢——那次，我去北京参加一个比赛，知道我是路痴，怕我找不到路，他连夜制作了一幅路线图，详细说明了怎么乘地铁，下了地铁怎么去报到的酒店。

还有一次，我备考心理咨询师，为了让我有时间复习，包子奶奶带着姐弟俩回了泰安，结果不凑巧碰上了包子爸出差，只剩我自己在家。

出差临走前，包子爸把菜都切好，分装到保鲜盒，又去超市买了好多熟食，然后唠唠叨叨了一大堆，什么烧水记得关火，炒菜要开油烟机，不要总吃泡面……

我说我都两个娃的妈了，还能饿着自己不成？

包子爸回答："平时你都不进厨房，我是怕你手生。"

还有一次，我出差去洛阳。早晨7点的火车，包子爸5点就起来，给我做早饭，帮我整理行李，然后送我去车站。

到了车站，他问我："你自己进去行吗？"

我说："行啊。"

他说："你会取票吧？就是把身份证放在那个刷卡区域……"

没等他说完，我瞪着眼睛嗔怒道："你当我是个傻子？"

他笑了，嘱咐我说一定注意安全。

上了动车，坐定后，突然发现背包里，包子爸给我带了保温杯，打开盖子，里面放了三片柠檬。喝了一口，酸酸甜甜，竟然还有蜂蜜。一瞬间，感动在心里迅速膨胀着，眼泪打湿了眼眶。

这世界上怎么会有这样一个人？他和你没有任何的血缘关系，却无条件地陪着你，对你好，好到让你有时候甚至会自恋地觉得，他好像就是为着你才到这个世界上来的。

3/

那次，我们应邀上齐鲁台一档节目。

在节目中，导演还背着我安排了一个包子爸的表白环节。

在这个环节里，包子爸一直对我说谢谢，他说谢谢我嫁给他，谢谢我背井离乡跟着他来到济南……

我看着他眼角滚落的泪水，默默地想，傻瓜，该说谢谢的是我啊！一直以来，在我们家，负责赚钱养家的是他，下厨房做饭的是他，陪孩子们讲故事做游戏的还是他……我却还是常常吼他，吼他乱收拾东西，吼他床单铺反了却不自知，吼他总催我吃饭让我慌乱中稿子出了错……

他不是圣人，自然也会有烦躁、生气、忍无可忍的时候，可他总在"东窗事发"的时候，要么呆萌地瞪大眼睛，抱歉地傻笑，要么好声好气地辩白，然后在我气晕之前端过一杯热水说："老婆，喝水。"

当他面对着我，不管是开心还是不开心，总是张开大大的暖暖的怀抱，把我圈进怀里。

那天在台上，我哭成了泪人。

在这个世界上，如果有一个人理解你、支持你、信任你，还愿意把享受生活的机会留给你，把你宠成了孩子，这真的是一件很美好的事情，对不对？

在写这篇稿子的时候，我问他："你怎么对我这么好啊！"

他："需要理由吗？"

我："不需要吗？"

他："需要吗？"

我："不需要吗？"

他："需要吗？"

我："唉，算了，我就是随便问问。"

有时候，我也问自己：他会对我好一辈子吧？

问完，又觉得自己的问题很傻。因为白头偕老、至死不渝这种话，要真到白了头、咽了气那一天才能论证。

但不管怎样，这一刻，我只想说："亲爱的，谢谢你把我宠成了孩子。"

婚姻就是边走边吵，但永远爱着不放弃

1/

人就是不能夸。

那天还和别人表扬包子爸的体贴周到、温暖贴心。结果，当天晚上我们俩就开始闹别扭，还从晚上持续到了第二天。差点儿把我气死！

起因是给小笼包讲故事。

我那天下午在咖啡厅写稿，回去晚了。当我10点钟到家时，本已经上床准备睡觉的小笼包又兴奋了起来，跑到客厅，抱了一大摞绘本过来，让我给她讲故事。

妞自豪地告诉我："妈妈，我会读*My Dad*了。"然后就开始捧着书读给我听。

我一边惊讶于这个妞一个单词不认识，竟然就会读英文绘本了，而且发音远远比我这个老妈纯正一百倍，一边兴奋地拿出手机给妞拍视频记录……就这样忙忙活活的，时间到了11点多。

包子爸在一旁一直督促，快睡觉吧，该睡觉啦，但是小笼包是越夜越清醒，读完英语，又要我抱着她读《笠翁对韵》。

包子爸说："别读了，太晚了，快睡觉吧！"

我冲包子爸摆摆手，说："我再给小笼包读一段就睡啊，我们不能打断孩子求知若渴的积极性嘛！"

眼看着快12点了，包子爸可能是真急了，竟开始冲我吼："别睡了你俩，都别睡了，你俩起来玩吧，明天也别去幼儿园了。"

我顿时被吼蒙了。还没等我反应过来，包子爸竟然自顾自地抱着被子在一旁睡了。

睡觉就睡觉，有什么好发火的！我强压着怒火，拍拍小笼包："确实有点儿晚了，我们赶紧睡吧。不然明早起床会很痛苦的。"

小妞点点头，乖乖躺下，没几分钟就呼呼了。

我给小笼包掖好被角，瞅了一眼旁边的包子爸，已然睡得和死狗一样，顿时气不打一处来。

嘿，这倒是挺好，自己发完火就呼呼大睡了？

无非就是我回家晚了，妞想和我亲近一下耽误了时间而已，就不能好好说话吗？吼吼吼，就怕别人不知道你是播音员嗓音浑厚底气足啊！

我一边愤愤不平，一边也钻进被窝躺下。以前，我们一直是盖一床被子，直到二宝出生后，我们才开始分被睡。

一度我都觉得很遗憾，尤其是冬天，没有包子爸这个大热宝，我那冰凉的脚丫总要很久才能暖过来。

可是此刻躺下后，我突然觉得，分被睡实在是太明智了，因为此刻，我连他一根汗毛都不愿意碰到。

于是，那一晚，我和包子爸就各抱各的被子，背靠背，睡了极不安稳的一觉。

　　我一直气鼓鼓的，翻腾了很久才睡着。一晚上也不知道做了多少梦，喂了几次奶，迷迷糊糊的，一晚上就过去了。

　　再一睁眼，就听到包子爸正在使出洪荒之力喊小笼包起床。喊了十几遍，小笼包还只是哼哼，就是不起来，显然是昨晚晚睡的后遗症。

　　包子爸在喊了二十分钟后，耐性终于被磨光了，扔下一句"你睡吧，别去幼儿园了，我今天也不送你了"，就真的扔下小笼包去洗漱了。

　　我一听，情况不妙呀！于是挣扎着睁开迷迷糊糊的双眼，一看表，妈呀，7点半了。

　　瞬间，我像踩了风火轮一样，赶紧把小笼包拽起来，然后迅速洗脸刷牙，里三层外三层给小笼包武装好，拎起小笼包就往门外冲。

　　等出了门，才发现慌乱中我穿错了外套。今天济南零下好几摄氏度，可是，我只穿了一件薄薄的呢子大衣。

　　这时，包子爸骑着家里的小电动车，紧追了出来。骑到我们跟前，停下，把小笼包抱到车上，然后示意我上车："时间不早了，电动车最快，快点儿上车。"

　　我瞪了他一眼，站着不动。我还在生气呢！你想让我上车，至少得说句好听的吧！

　　没想到看我戳在那里不动，包子爸竟然二话不说，扔下我，带着小笼包扬长而去……

　　看着他决绝的背影，我心里当时简直万马奔腾。我一边往公交车站走，一边心里恨恨地想：哼，说好的宠我一辈子不过就是过眼云烟！这才结婚几年？到底是婚姻太现实，改变了我们的爱情，我就不该相信他当初说的甜言蜜语！

我暗暗下决心：你今天最好别找我！否则就算你给我打一百个电话我也不会接的。微信我也不会回的，绝对不回！

2,

也许是今天老天的耳朵特别好，我早晨许的愿他听得太真切了，所以立刻帮我实现了。

一上午，我看书，查资料，写稿！忙得不亦乐乎！直到突然听到肚子咕咕叫，我抬手看表，才发现竟已是下午1点。

我开始犯嘀咕：说真的，这家伙为什么一个上午都没给我打电话呢？他不会真生气了吧？他生气？！有没有搞清楚，生气的应该是我好不好！我又没错！

我茫然地看着窗外，肚子很饿，又不知道该吃什么，索性就放弃吃东西的念头了！

要不都说失恋是最好的减肥药呢！你看，我光吵个架，就已经省了两顿饭！

我打开电脑，继续码字，一边听着肚子的叫声，一边心里骂着：ZH你这个小心眼儿的！你竟然……你竟然不理我？哼，你怎么能不理我呢？！……

正当我强忍饥肠辘辘，满怀愤慨时，闺密打来电话，说周末要来济南出差，让我摆好盛宴，准备接驾。

我说："干脆你来了把我接回太原得了。"

闺密问："咋？要抛夫弃子，离家出走？"

我说："嗯，你不知道，ZH今天竟然冲我发火，把我扔路上，还一天都不理我，我现在一个人孤苦伶仃，晚上都不知何去何从……"

闺密听了，表示不信："你家那模范老公还能办这事？这中间一定有隐情！"

我急了："晕，你到底是谁闺密？站哪一边的？我这么贤良淑德，怎么会是我的问题？你还想来了有大餐？自来水都没有。哼！"

闺密在那边哈哈大笑："我不要自来水，我喝你们泉城的泉水！不过说真的，你要真觉得过不下去了，只要你舍得你的娃，舍得你亲爱的夫君，我一定把你带回太原。吃住都我包了，养你一辈子啊！"

挂掉电话，不禁感叹，真是闺密如手足，男人如衣服。我当初怎么会那么想不开，竟然为了一件衣服，背井离乡。现在可好，没人疼没人爱，亲亲的手足也都离得千山万水的……越想越委屈，忍不住开始掉眼泪。

3

正伤感着，才发现已经4点半了，快到接小笼包的时间了，也不知道包子爸今天单位忙不忙，能不能抽出空来去幼儿园？

本来想打个电话问问，但又转念一想：哼，你都一天不理我了，那我干吗要管你。你忙不过来，你活该！

于是继续低头写我的稿子。

说来也奇怪，一天没吃饭，能量都快耗尽了，却文思泉涌，根本停不下来。

这可真是情场失意，职场得意啊！

窗外的天渐渐黑下去，霓虹灯一盏一盏亮起来。

下班时间到了。咖啡厅里，人渐渐多了起来，说话声、笑声此起彼伏。

我抬起头，揉揉发酸的肩膀，却觉得有点儿冷了。唉，早晨走得急，只穿了件薄呢子大衣。再加上一天没吃饭，身体估计没有能量来发热了吧！

冷是必然的！而且身体的冷是次要的，关键是心冷啊！

有点儿想孩子们了，现在，孩子们一定在家里看书、画画、打球、玩玩具呢吧？爸爸在陪着他们吧？也不知道，那家伙今晚会做什么好吃的！都不给我打电话！哼，打了我也不接，我不原谅你！

正在我胡思乱想的时候，电话真的响了。是包子爸。

我犹豫了几秒，清了清嗓子，没骨气地接了起来，传来的却是小笼包甜腻腻的小奶音："妈妈，你在哪儿？爸爸让我悄悄告诉你，他想你了，他晚上要给你做好吃的，让你快回家呢！妈妈，你咋还不回来呢？我和弟弟还有爸爸一直等你呢！弟弟说，他想吃neinei了。"

我隐约听到电话里有人在一旁小声嘀咕着什么，不用想，这台词一定是包子爸指导的，我才不上当！

正在这时，听到电话那边弟弟哇地哭了起来："妈妈，弟弟摔倒了……"没等我说话，小笼包咣地挂掉了电话。

我一下子急了！摔倒了？不知道磕到哪里没有！我赶紧收拾桌上的东西，往家飞奔！

终于知道为啥歌里总唱，世上只有妈妈好了！娃就是妈妈们最大的软肋。

即使心里快委屈死、气死了，但是只要想到孩子，所有的委屈都可以瞬间咽下去。

4

当我以最快的速度飞奔回家，一进门，就看到包子爸正在陪姐弟俩打球。

看我回来了，包子爸忙跑过来，接过我手里的包，抓着我的胳膊，伸手摸摸我的脸："老婆，你终于回来了，你怎么穿这么少，冷不冷？"

我本来只顾着着急弟弟，都忘了生气了，他这句话，顿时让我想起今天一整天的饥寒交迫，于是又立刻气鼓鼓的。

我故意低头不看他，甩开他的手，说："好了，不要在孩子们面前拉拉扯扯，我现在要换衣服，完了再说吧……"

包子爸一下抱住我，语气有点儿急促："老婆，我真错了，我今天想给你打电话的，但是今天实在太忙了，饭都没顾上吃。中间上厕所，好几次我想给你打电话，又怕只有一小会儿工夫哄不好你。老婆，你不要生气了好不好，我不该冲你发脾气，更不该一天不理你，我真没想这样的……"

我不经意地瞟到包子爸的眼睛，有红血丝，眼袋也有点儿发青。想到最近这段时间，他们单位事情确实有点儿多，他的工作压力应该很大，但他从来不说难处，每天回来，还是一如既往地炒菜做饭，和我一起带孩子。他一直都给我一副天塌下来有老公在的架势，让我没有负担地朝着自己的理想向前冲！

想到这里，刚才还咆哮沸腾的火气渐渐淡去，心疼与爱慢慢涌上心头。

是啊，这世界上，本来就没什么岁月静好，不过是有人替你负重前行。

包子爸看我不说话，紧紧抓着我的手，放到他的手心："老婆，我从结婚那天起就发誓要对你好的，不让你受一点儿委屈，你为了我，这么远来了山东，我都一直记得，我……"

"停！"我皱了皱眉头，"我今天饿了一天，现在想吃酸辣藕丁、蒜薹炒肉、红烧茄子，还有大米饭。"

包子爸愣了一下，接着嘴角咧到了耳朵根，在我脑门儿上亲了一口后，扯着长调子："好嘞！老婆，你就坐这儿等着，一会儿就好！"

看着他冲向厨房的背影，我忍不住笑了。

旁边的小笼包和小汤圆看到我笑了，也笑了，然后你推我挤，争着钻进我怀里。

晚上，包子爸给姐姐讲故事，我在哄弟弟睡觉，闺蜜发来微信："在哪儿？"

我回："早回家了！"

闺蜜笑我："哎哟哟，怎么不离家出走了！不来我们大太原了啊！你怎么这么快不计前嫌了？不是都说打碎了盘子就算粘起来也是有裂缝的吗？"

我发了一个鄙视她的表情："小孩子才这么幼稚。哼，人生苦短，爱人就等于爱自己。懂不？"

放下手机，看着身边沉睡的小笼包和弟弟，又看看刚刚睡着的包子爸。好像很久没有这么认真地看过他的脸了：他闭着眼睛，睫毛长长的，表情安宁单纯，胸膛一起一伏，有着均匀的呼吸。

突然想到，我们，已经结婚七年。七年了！但我好像至今也没有弄明白婚姻到底是什么，也不知道它到底包含着多少烦心事儿，还有多少形形色色的架等着两人去吵？也许这些，得一步步走下去才有答案。但眼前，这个男人，这段婚姻，这些日子，是活生生的！

我掀开包子爸的被窝，使劲儿钻进他怀里。当我的脸颊紧紧贴着他的脖子，寒夜里，他的体温，有种让人安心的暖。包子爸睡得迷迷糊糊，可还是下意识地把我搂紧，又伸手给我掖好背后的被子。

那一刻，我突然觉得，有种微小的幸福和甜蜜，就像一朵一朵的小花，正在我的心底缓缓盛开。

或许，婚姻其实是件简单的事情吧。那些流走于江湖上的相濡以沫，也一定不都是一路高歌，一定也是在深一脚浅一脚的挣扎中得以前行。

就像我们现在，尽管一路吵着、闹着，但我们依旧爱着、走着，永不放弃。

三生有幸遇到你

1

今天，小笼包第一次主持幼儿园里的升旗仪式。

昨天下午，带她去排练的时候，站在国旗前，突然就想到了我上小学二年级的时候，第一次主持升旗仪式。当时我站在主席台上，一紧张，张口就说成了"升国歌，奏国旗"。

升旗仪式结束后，我自责难过又不知所措，但很奇怪，班主任白老师竟然没有怪我，还推选我去学校的红领巾广播站。再然后，每当学校有大大小小的活动、比赛，老师都会让我参加，而每次我都能取得不错的成绩。

我当时有点儿迷惑，不太明白白老师为什么对我这么好。

是因为我成绩优秀吗？

好像不是。虽说我成绩还可以，但算不上是班里最拔尖的。

是看情分吗？

显然也不是。我从小跟着爷爷奶奶生活，爷爷当时开着修车摊儿，除了有一次白老师的车子坏了，去爷爷那里修车，爷爷硬是没有收钱之外，和老师私下里再无交情。

很多年后，高考结束之后的一天，我在路上碰到小学的数学老师张老师，她听说我考上大学的消息后，感慨地说："你们白老师啊，当时最喜欢的就是你。她总在办公室里夸你，说你特别勤奋努力，记得她说，有一次布置了一个作业，让大家课后复习某篇课文，课间她偶尔路过教室，其他同学都在说笑玩闹，只有你，捧着书本，一遍一遍地看。还有一次大家一起打扫操场，地上有很多长树枝，那么多孩子，只有你知道，要把它们折一下再放进簸箕里。白老师说，一看就知道你是个懂事的孩子，常在家里帮大人分担家务。"

其实张老师说的这两件事，我已经一点儿印象都没有了，但那一刻听到，还是忍不住眼眶湿润。

我从小跟着爷爷奶奶长大，生活条件比不上一般孩子——布鞋总是磨破了大脚趾才换，书包上也总是有奶奶打的补丁。再加上以前的语文课上，无论我把手举得多高，老师都不会叫我起来回答问题；考了满分的试卷，老师也要反复询问，是不是完全是自己做的？所以在遇到白老师之前，我一直都有点儿自卑。

直到遇到了白老师，每次我回答问题的时候，她都微笑地看着我；我的每一篇作文后面，总是跟着好长好长的评语……我才终于开始慢慢相信：原来，我朗诵课文朗诵得挺好听；原来，我作文写得还可以；原来，我真的没有那么差劲。

我在以前的文章里写过，我心底一直有个很大的梦想，就是想当一个主持人。

如果说梦想是一颗种子，那这颗热乎乎的种子，便是白老师亲手放到我掌心里的。

虽然后来我没能从事这个职业，但这个梦想支撑了我整个青春年少的希望和快乐，甚至影响了我的婚姻。当年，我大学刚毕业在电台上班的时候，身为主持人的包子爸追我，几乎用一句话就打动了我——他说："我可以教你吐字发音。"

所以，对学生而言，一个好老师，真不在于他发表了多少篇论文，有多高的头衔。

就像陶行知说："教师之为教，不在全盘授予，而在相机诱导。"

有时候，一个微笑就可以为孩子的心灵打开一扇窗；而一个眼神，便可以赋予孩子成长的滋养。

2⁄

我中学印象最深的老师，是高中文科班的班主任苏老师。

因为他长得矮矮胖胖，圆圆的脸上戴着一副黑框眼镜，模样尤其像当时很流行的小吃"小浣熊干脆面"包装袋上的那只浣熊。所以，大家都喜欢叫他"小浣熊"。

当时，班上一些比较淘气的男生还专门把包装袋上的"浣熊"剪下来，贴在我们班门口的玻璃上，并配以"浣熊班"的文字。

我猜苏老师是知道大家给他取的这个绰号的，因为好几次，同学们正"小浣熊如何如何"聊得热火朝天的时候，蓦然抬头，才发现苏老师不知道什么时候站在了身后。

他也不恼，还是笑眯眯的，只是俯下身子，说一句："是不是该看书了？"

说笑打闹的同学们瞬间安静下来。

　　我们学校，向来都是理强文弱。在我们这届之前，文科班最好的成绩便是一个班有两个考上了本科。一直都是学习成绩不怎么样的，或者美术、体育特长生，高二才会报文科班。所以高一期末，当全年级排名前二十名的我，举手表明自己想要去学文的意愿的时候，班主任老师瞪着眼睛，看了我足足半分钟。

　　当时我只是单纯地觉得，比起理科，我更喜欢文科而已。

　　在文科班第一天的班会上，苏老师说："别人都觉得咱们文科班的同学不行，都是混日子的，可我不这么觉得，我站在这里，看着你们，左看右看都觉得你们每一个人都长了一副能考上大学的样子。"

　　大家本来都以为这是场超严肃的上岗会，没想到老师竟然这么幽默，于是轰的一下都笑了。

　　苏老师却没笑，他特别认真，一字一顿地继续说："同学们，过去的都过去了，不管你们原来怎么样，来到这里，就是一个全新的开始。请大家相信，两年时间，只要努力拼搏，一切皆有可能。我不会放弃任何一个同学，也希望你们不要自己先放弃自己。"

　　几句话让我瞬间落了泪。扭头看看大家，许多人眼里也都泪光闪闪。

　　当你总是被否定，总是被批判，连自己都不再相信自己的时候，突然有这么一个人站在你面前，告诉你，他相信你可以！这声音真的像一道光，可以穿破黑暗、打败寒凉。

七百多个备战高考的日夜，苏老师一直和我们一起。他每天一定是第一个到教室，然后最后一个离开。

因为很多同学文科底子薄，他恳请历史老师和地理老师周日上午来为大家补课。这种补习是不收我们任何费用的，当然老师也没有学校的课时费可以领。

苏老师到底是怎么说服两位老师来为大家补课的，我们不知道，只是后来听有的同学说，苏老师是自己出的钱。

自己掏钱给学生补课？我当时听了，觉得简直不可思议，但后来仔细想想，苏老师本来就和许多老师不一样。

比如说，他一直都不按成绩排座位。在别的班里，临近高考的时候，都是好学生坐在前面，可在我们班，直到毕业，都是成绩好的和不好的挨着坐。

比如说，高三的老师一般都只抓学习。晚自习的间隙，苏老师却赶我们去操场跑步。他总说，身体是本钱，有了好身体，才能更有劲儿地投入学习。

对老师的这个命令，一开始我总觉得是浪费时间，但后来跑着跑着就发现了一件神奇的事——每次跑完步回来，我总能解出想了很久的数学题。

最好玩的还要数最后的考前动员会，不知道是不是因为太激动，苏老师挥舞着手臂，生生把"保二争一"（保二本争一本），说成了"保一争二"。说完，他自己就笑了，然后大家也笑了。笑着笑着，好像就不那么紧张了。

那年高考，我们班有二十多个同学考上了本科，成了学校历史上考得最好的一届文科班。

直到现在，每当想起苏老师，我都会特别感慨：

真正的好老师不是只会教好学生，而是对每个学生都不放弃。因为每个孩子都有闪光点，只是这光有时候会很微弱。只有一颗饱含爱的心和眼睛，才能循着这微光，引导孩子到达光明。

3

我一直都觉得自己是个幸运的孩子，成长的路上总能遇到恩师指引。

大学毕业参加工作后，我遇到了人生中另外一个非常重要的老师。

我实习的第一天，他在审过我的采访提纲后，便让我独自拎着采访机去采访。

我说："老师，我好紧张。"

老师笑了，然后神秘兮兮地对我说："悄悄告诉你一个秘密，采访对象其实比你更紧张。"

我就这么迈出了采访的第一步，竟然还完成得不错。

直到现在，我都清楚地记得，当时老师看着我的稿子，露出的微笑："你看吧，我就说你可以。"

我的第二个采访，是去河北采访一位退休后义务植树的老将军。当时的任务，要求不仅要采得到位，还要录同期声作为音频素材。

本来一听对方是位将军，我就已经紧张得汗毛都立了起来，还要录同期声，我瞬间感觉自己话都说不利索了。

老师看出了我的心思，一本正经地开导我："怎么，对方是将军你就怵啦？在新闻采访中，我们做记者的，会面对形形色色、各行各业的采访对象，如何赢得采访对象的好感和信任，决定着采访的成败和质量。你要永远记得，技巧固然重要，但态度更重要，不管你面对什么身份的采访对象，都要保持平视的目光，不亢不卑，平等待人，这不仅是记者完整人格的显示，更是记者与采访对象相互尊重的职业素养。"

那次采访很顺利。听着老将军讲述植树过程中的艰辛，我好几次都红了眼眶。

回来后，我们采写的那篇稿件获得了省新闻奖二等奖。我参加工作短短几个月便获得了省级新闻奖，我知道这都是缘于老师的帮助和鼓励。

后来我向老师致谢，老师撇撇嘴："谢我干什么，这都是你自己的努力。"

说完，他笑了，似乎比他自己得奖还开心。

我们这批实习生进台半年后，因为特殊原因，台里本来要进行的入职考试被意外取消了。小伙伴们虽然还能继续留在台里工作，但很无奈地被划入了编外人员的尴尬境地。

当时我想过离开，可是总觉得有点儿舍不得，毕竟是打心眼儿里热爱这份工作；可留下来，"没身份"就意味着收入没保障，生活成了最大的问题。

我们节目组当时有两个女实习生，老师为了帮我们渡过难关，总是悄悄帮助我们。每当午饭和晚饭时间，老师回家前，就把他的饭卡放在我们桌上，让我们去食堂吃饭。而平时稿件评奖发了奖金，他也总是留出我们那份。钱虽然不多，但他一次都没有忘记。

这位老师其实是个"妻管严"，为了避免不必要的误会，所以每次帮我们，他都要小心叮嘱："保密啊，不要让别人知道。"

我们俩嘲笑他："老师，你这么怕老婆，是不是师母很凶？"

他哈哈大笑："你们说，我一个大男人还能怕她一个小女子？我怕她，只不过是舍不得她生气罢了。所以，你们俩记住啊，怕老婆才是真正爱老婆的表现，以后找对象，不听话不怕你们的男人绝对不能要，因为这说明他不够爱你。"

等老师走后，我们两个女生笑成一团，一致觉得他是在为自己怕老婆这件事洗白。

过了这些年，当我真的嫁为人妻后，才觉得老师的话真的有他的道理。因为，所有心甘情愿的妥协，没有一个是出于恐惧，而都是出自于爱。

跟着老师的两年，是我做小记者的生涯里最快乐也收获最多的两年，不仅开阔了眼界，夯实了采访写作功底，还捧回了中国新闻奖——这个中国新闻界最具含金量的奖项之一。

尽管后来，我还是迫于现实的生活和压力，离开了电台，但老师的那些话，以及和老师一起完成的那些新闻稿件，永远印刻在了我的生命里。

谁也没有看见过风

不用说我和你了

但是树梢点头的时候

我们知道风正走过了

亲爱的老师，当别人看到我的时候，也许并不知道在我的生命里出现过这样的你。

但我会永远记得，我身上，一直有你温暖的力量和鼓励。

谨以此文送给我生命中的好老师以及全天下所有的老师。